35 mm

LAS PELÍCULAS QUE DEBE CONOCER

LA DÉCADA DE LOS SETENTA

Tomo IV

Una selección ilustrada de los grandes films de la historia del cine

NELSON CORDIDO ROVATI

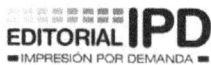

Caracas, Venezuela

Corrección de estilo: Ninoska Adames

ISBN:150843266X
ISBN-13:9781508432661

DEDICATORIA

Este cuarto tomo está especialmente dedicado a todos los amantes del cine que leyeron los tomos anteriores de esta serie.

CONTENIDO

EXORDIO

En los setenta, películas de la india (*Sholay*), de Hong Kong (*Un mañana mejor*), o árabes (*The Sparrow*) asombraron al público y en Hollywood sucedieron cosas que lo cambiaron todo. Una película sobre un tiburón recaudó 260 millones de dólares en EEUU, otra aterradora sobre una adolescente poseída por el demonio 200 millones y una de ciencia ficción sobre las fuerzas del bien contra el malvado Darth Vader rompió todos los records obteniendo 500 millones

Al igual que en épocas anteriores, la década de los setenta no son la excepción. Al observar en la distancia el cine que se veía en aquellos años, se encuentran muchas tendencias: igual que ahora, igual que siempre.

Pero es indudable que en esos años, a pesar de que el número de películas que han clasificado en *Las películas que debe conocer* es menor que el de la década de los sesenta (36 films en los sesenta vs 25 en los setenta), se produjeron películas trascendentes que hoy día están en el tope de las listas clasificatorias. La película que aparece con mayor número de votos en IMDB (Internet Movie Database), empatada con *Cadena perpetua* es *El Padrino* (1972) y la que sigue es *El Padrino II* (1974).

De manera que usted va a darse un verdadero gustazo revisando esta selección de películas de la década de los setenta que son en su mayoría obras de arte.

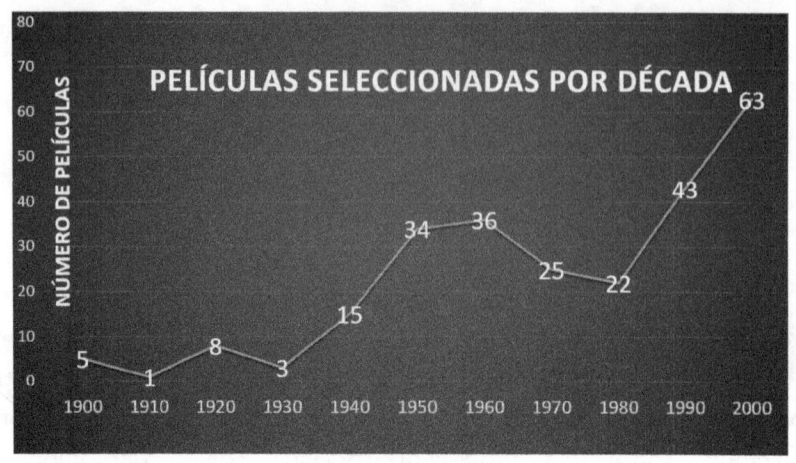

CONTEXTO HISTÓRICO

El cine de la década de los setenta se vio influido por los siguientes hechos históricos:

- La etapa final de la guerra de Vietnam y el conflicto árabe-israelí. El cine siempre se ha alimentado de los conflictos bélicos.
- La crisis del petróleo de 1973, generada cuando los países árabes productores de petróleo decidieron no exportarlo a los países que habían apoyado a Israel durante la guerra de Yom Kippur. Esta medida afectó a Estados Unidos y a sus aliados en Europa Occidental.
- El auge del terrorismo (IRA, RAF, ETA, Brigadas Rojas, Yihad Islámica, Septiembre Negro. El terrorista Carlos "El Chacal" se hace famoso). Acción terrorista en los Juegos Olímpicos de Múnich (1972).
- Escándalo de Watergate en Washington. Derrocamiento de Salvador Allende en Chile. Intervención soviética en Afganistán.
- En el área tecnológica: Intel crea el primer procesador (1971) / Primera consola de videojuegos (1972) / Nace Microsoft (1975) / Se crea el primer supercomputador – Cray-1 (1976) / Los viajes espaciales se hacen frecuentes.
- Otros: Tragedia de Los Andes / Se inauguran Las Torres Gemelas en Nueva York (1973) / Muere Perón (1974).

1. LA HIJA DE RYAN

Inglaterra (1970)

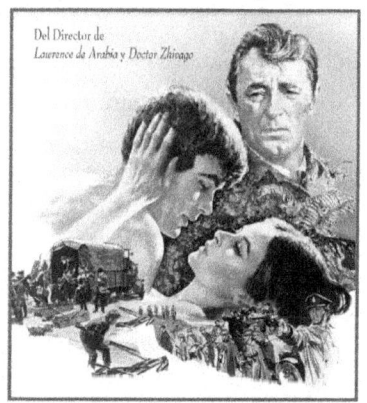

Título original: *Ryan's Daughter*
Duración: 3 horas, 18 minutos
Dirección: David Lean
Guion: Robert Bolt
Otros: color (Metrocolor[i])
Género: drama, historia, romance
Reparto: Robert Mitchum (Charles Shaughnessy), Trevor Howard (Father Collins), Christopher Jones (Randolph Doryan), John Mills (Michael), Leo McKern (Thomas Ryan), Sarah Miles (Rosy Ryan), Barry Foster (Tim O'Leary), Marie Kean (señora McCardle), Arthur O'Sullivan (señor McCardle) y Evin Crowley (Maureen)

David Lean venía de dirigir largometrajes muy exitosos, usualmente alabados por la crítica: *Breve encuentro* (1945); *El puente sobre el río Kwai* (1957); *Lawrence de Arabia* (1962); *Doctor Zhivago* (1965). Con *La hija de Ryan*, los ataques de la crítica neoyorquina fueron tan furibundos que pasaron catorce años para que Lean incursionara de nuevo en el cine con su último film, *Pasaje a la India* (1984), donde demostró de nuevo que es un director que sabe contar historias.

La trama se desarrolla en un pequeño pueblo de Irlanda en 1916. Rosy, la bella hija de Ryan, el tabernero, vive en una aldea cercana a la costa. Fue criada con cuidados y mimos logrando un cierto aire de distinción y ambición por mejorar, sueña con una vida elegante y refinada, características muy escasas en ese lugar. Los jóvenes de la localidad están por debajo de su nivel cultural, su sensibilidad y sus sueños. El único hombre que ella considera a su altura es Charles, el maestro rural del poblado, que fue su profesor y le dobla en edad.

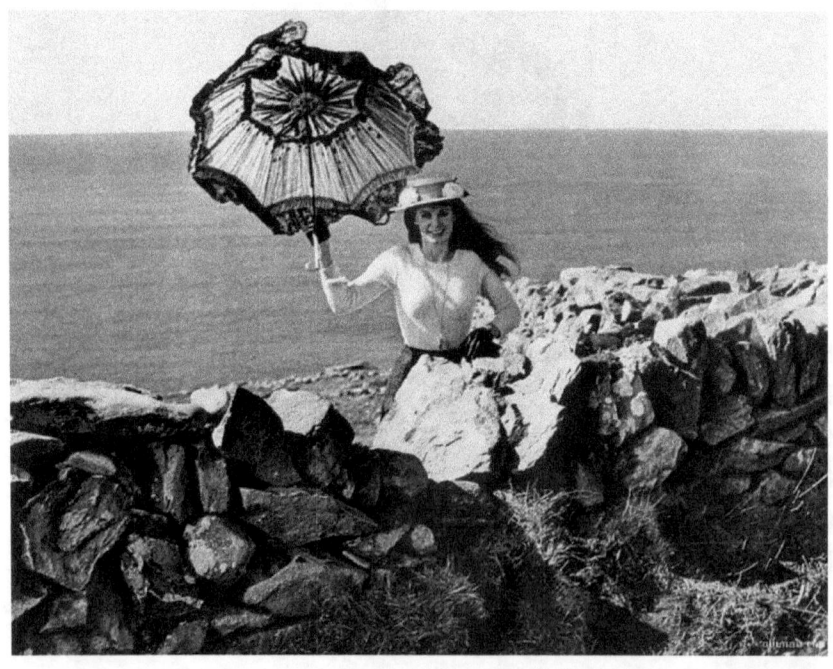

Rosy, la hija de Ryan.

12

Ella intenta conquistarlo y él al principio la rechaza pensando que es algo normal el hecho de que la alumna se enamore del profesor, pero esta insiste y con su magnetismo sensual logra seducirlo. Finalmente Charles y Rosy se casan.

Las diferencias entre el calmado Charles y la fogosa Rosy surgen al poco tiempo. Aunque él es un buen marido, ella al estilo de Madame Bovary espera mucho más. Ella necesita la pasión de la vida, juegos y aventuras; mientras que él es un hombre tranquilo, bueno, que colecciona flores aplastadas entre las hojas de libros.

Los sueños no alcanzados de Rosy la hacen realizar largos paseos sola por los alrededores de la aldea, elegantemente vestida y con sombrilla, en contra de los hábitos de los aldeanos, provocando cierto rechazo entre ellos.

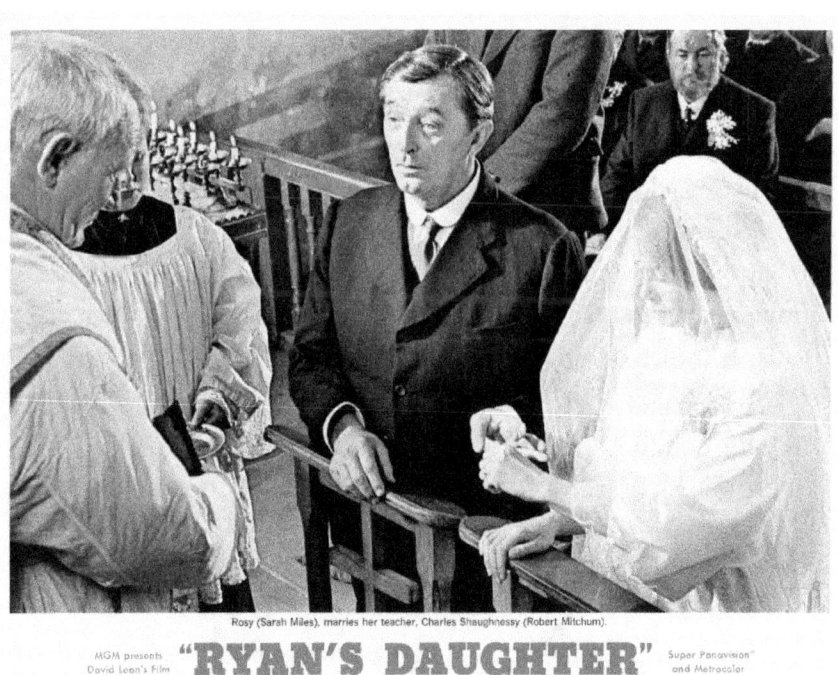

Póster mostrando la boda de Charles y Rosy.

Meses después llega el comandante Randolph Doryan, mutilado de guerra, joven y apuesto que asume el mando del destacamento militar británico del lugar. Doryan debe caminar una hora y media diaria como tratamiento para sus heridas de guerra.

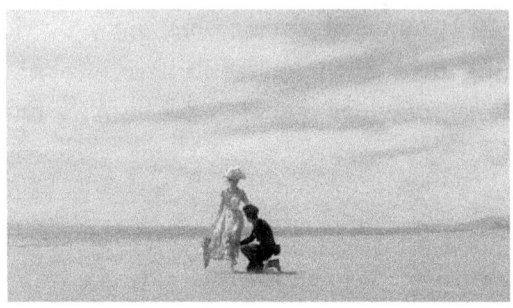

Rosy pasea por la playa junto a su amante el oficial Doryan.

El uniforme, la educación y el ser héroe de guerra fascina a Rosy. Entre ella y Doryan se establece un apasionado romance que la hace descubrir lo que es el verdadero amor. Por supuesto, al conocer el pueblo la relación de la mujer casada con un oficial inglés, la repudia de inmediato.

La película muestra las envidias, los celos, las burlas y las actitudes marginales características de una población pequeña y aislada. El tonto del pueblo, Michael, con una discapacidad mental y física que lo convierte en objeto de burlas constantes, a pesar del apoyo público que le da el padre Collins, el párroco del lugar.

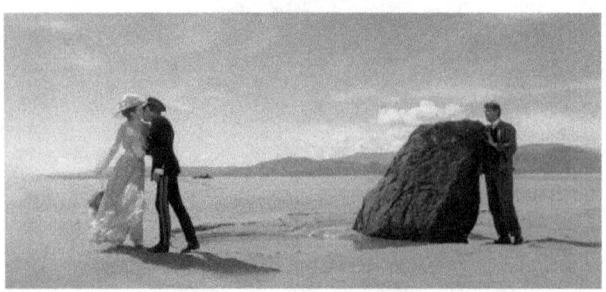

Charles descubre la infidelidad de su esposa.

En el film abundan interesantes metáforas que aluden a las situaciones que se van desarrollando:

"¿No te gustan las flores muertas en el interior del libro?" —dice Charles.

"Prefiero verlas vivas en la planta" —contesta ella.

Rosy era como una flor muerta hasta que llegó el militar que la hizo volver a la vida. Otra interesante expresión es cuando el marido le dice a su esposa: "Esta yegua no está bien domada". Frase que menciona dos veces.

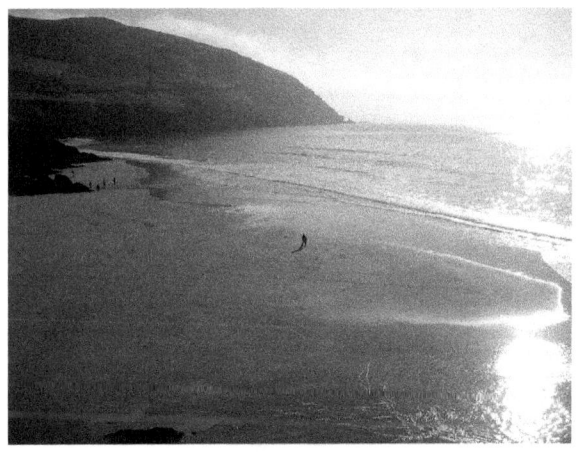

La soledad del lugar.

Hay quienes piensan que la duración de la cinta (más de tres horas) es excesiva. Quizás tengan razón, hay momentos en que se hace lenta. El papel de maestro de escuela que representó Robert Mitchum es uno de los mejores de su carrera. La actuación del párroco, Trevor Howards, se convierte en lo mejor de la película. No entiendo cómo no se llevó el Oscar a mejor actor secundario en lugar de John Mills que tuvo un interpretación más bien irregular.

La hija de Ryan muestra de forma desgarradora la inmensa soledad de unos seres humanos aislados y marcados por la frustración de sus vidas.

2. LA NARANJA MECÁNICA
Inglaterra (1971)

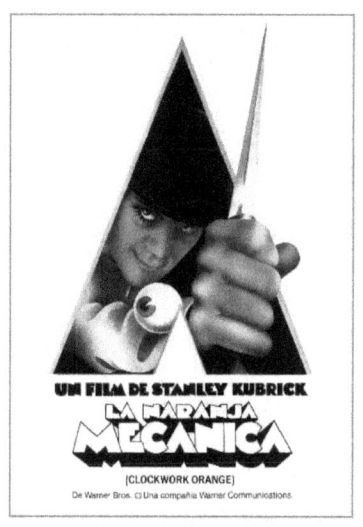

Título original: *A Clockwork Orange*
Duración: 2 horas, 16 minutos
Dirección: Stanley Kubrick
Guion: Stanley Kubrick. Adaptación de la novela homónima de Anthony Burgess
Otros: color (Warnercolor[ii])
Género: crimen, drama, ciencia ficción
Reparto: Malcolm Mcdowell (Alex), Patrick Magee (señor Alexander), Michael Bates (jefe de policía), Warren Clarke (Dim), John Clive (inquilino), Adrienne Corri (señora Alexander), Carl Duering (doctor Brodsky), Paul Farrel (mendigo), Clive Francis (actor del escenario), Michael Gover (director de prisión) y Miriam Karlin (señorita Weathery, la dama de los gatos)

Sin duda, esta es una de las películas más controversiales de Stanley Kubrick. Está basada en la novela del mismo nombre, escrita por Anthony Burgess en 1962, inspirada por un incidente que él vivió durante la Segunda Guerra Mundial, cuando en compañía de su mujer fueron asaltados en 1944 en las calles de Londres por unos marinos estadounidenses. Su esposa, que se encontraba embarazada, fue violada y la paliza recibida le provocó un aborto.

Cuenta con una banda sonora compuesta principalmente por música clásica y también sonidos sintetizados. La película revitalizó las ventas de la Novena Sinfonía de Beethoven, tema predilecto del protagonista del film.

Su proyección generó controversias en todos los países donde se exhibió. La calificaban de violencia excesiva y falta de humanidad. Un mal ejemplo para los jóvenes, aunque otros alababan la visión futurista de Kubrick.

En Estados Unidos fue calificada como censura X en su estreno original. Kubrick cortó voluntariamente treinta segundos de las escenas más fuertes para su reestreno y entonces la calificación fue cambiada a censura R.

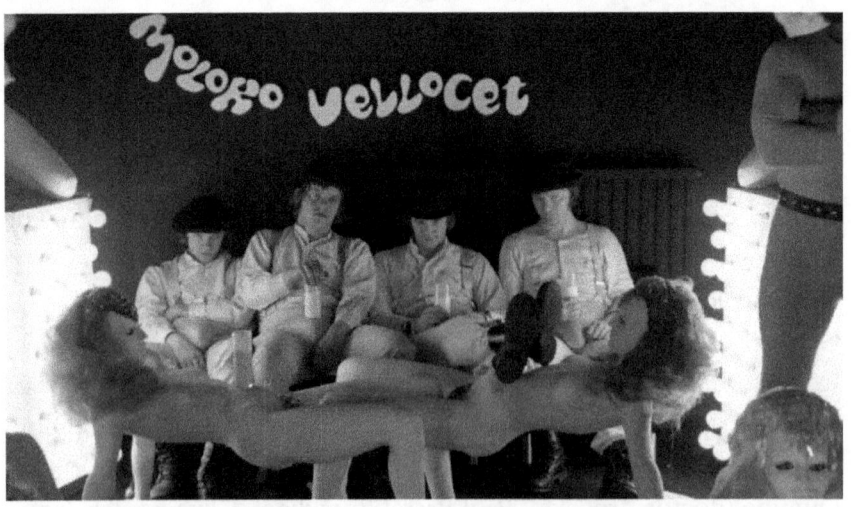

Alex y sus amigos ingiriendo droga antes de salir a cometer las fechorías.

En Inglaterra, Kubrick pidió a la Warner Bros Pictures que retiraran la película debido a que la prensa la culpó de ataques a indigentes y de violaciones en la que los agresores entonaban "Cantando bajo la lluvia" (igual a la escena en la película). Se reestrenó en el año 2000.

El largometraje consta de tres partes: la primera, en la que Alex y su grupo se divierten a costa de cualquiera; la segunda, trata de la rehabilitación de Alex y la tercera, aborda su inserción en la sociedad.

La naranja mecánica se inicia con la presentación de Alex y sus amigos: Dim, Georgie y Pete, quienes forman un clan llamado Los Drugos. Por diversión se dedican a cometer todo tipo de fechorías en las noches, utilizando la ultra violencia. Alex es el líder del grupo. Esa noche apalean a un mendigo por placer. Se enfrentan a otro clan que está a punto de violar a una joven en un teatro abandonado. Después manejan a alta velocidad arremetiendo contra otros automovilistas, obligándolos a salirse de la vía. Luego entran en la lujosa mansión de un escritor a quien dejan inválido por la paliza a la que lo someten y violan a su esposa en su presencia.

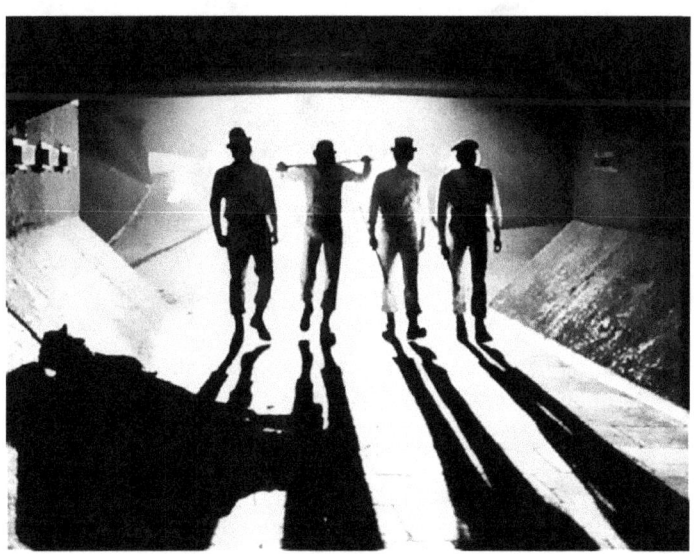

El grupo se acerca al mendigo a quien luego apalean.

Al final de la noche, Alex regresa a casa de sus padres con quienes aún vive. En su habitación escucha la Novena Sinfonía de Beethoven, composición por la que delira. Al día siguiente, cuando su madre lo va a despertar para que no llegue tarde a la escuela, Alex le dice que se siente mal, por lo que se quedará en casa, lo cual está sucediendo últimamente con mucha frecuencia.

Esa tarde, Alex invita a dos chicas menores de edad a su habitación y tienen todo tipo de sexo. En la noche, luego de un altercado con sus amigos por el control del grupo, asaltan a una solitaria dama rica que vive sola en compañía de sus gatos. Alex es el único que entra en la mansión y luego de forcejar con la dueña, la asesinan golpeándola con una escultura fálica. Al salir de la casa es traicionado por sus compañeros, quienes están hartos de él y es finalmente atrapado por la policía.

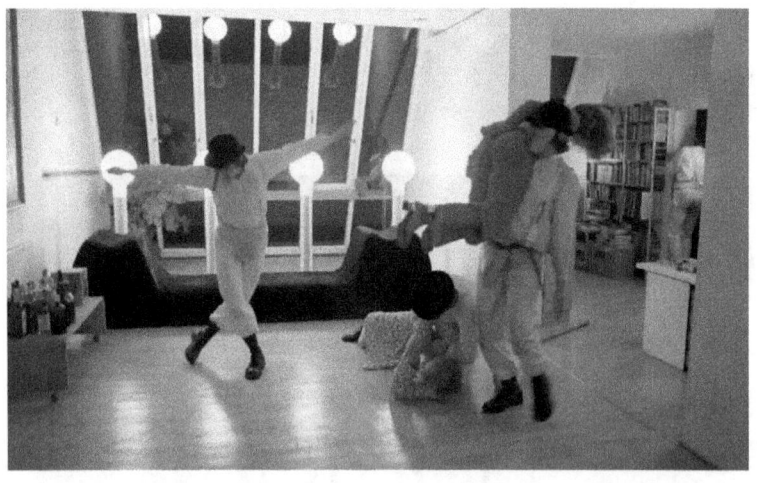

Alex interpreta "Cantando bajo la lluvia" mientras abusan de la esposa del escritor.

Es juzgado y sentenciado a catorce años en prisión. Luego participa como voluntario en un nuevo tratamiento experimental llamado Técnica de Ludovico, que supuestamente corrige la conducta del recluso y permite reinsertarlo en la sociedad como un individuo inofensivo. El tratamiento consiste en una terapia de aversión en la que le suministran al paciente ciertas drogas que le inducen a una nausea intolerable, mientras es forzado a ver películas de violencia extrema.

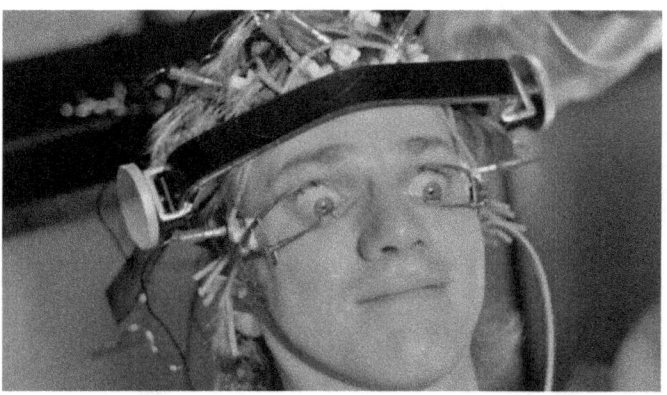

Alex luce divertido al inicio del tratamiento correctivo.

Durante la proyección de las películas, Alex no puede dejar de verlas porque sus parpados los mantienen abiertos con pinzas mecánicas, de manera que aunque no quiera, tiene que ver las violentas imágenes, acompañadas por la Novena Sinfonía de Beethoven.

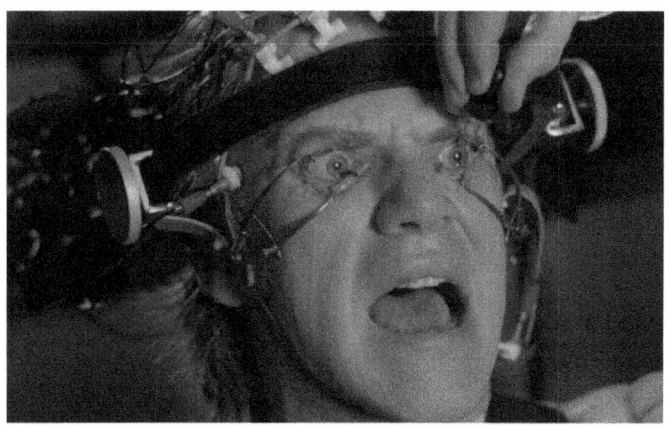

Pero luego el tratamiento se intensifica.

Al final del tratamiento, Alex no puede ejecutar ninguna acción violenta, ni siquiera contemplarla, sin sentir una nausea paralizante. La rehabilitación de Alex es presentada a la comunidad como un éxito y es liberado. De manera que se convierte en víctima indefensa, y aquellos a quienes él había hecho daño aprovechan para vengarse.

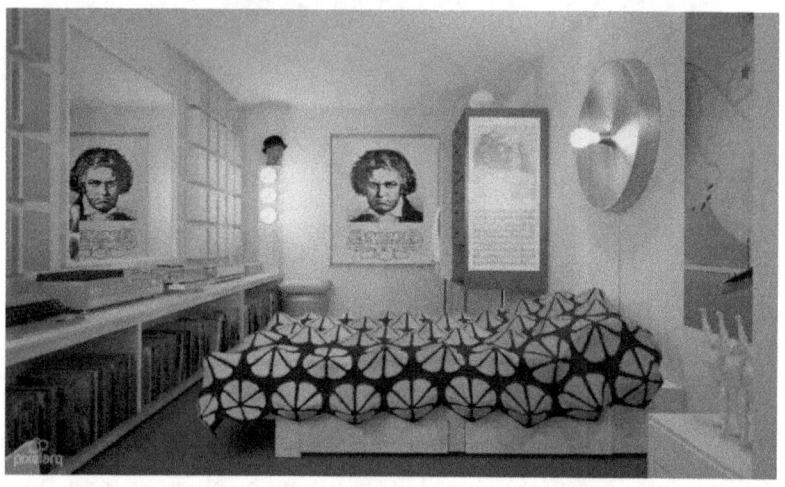

El dormitorio de Alex. Observen el cuadro de Beethoven a quien escucha con pasión.

Es sorprendente que la visión de Kubrick del futuro cercano, tuvo a los pocos años algunos detalles ya obsoletos como: las máquinas de escribir IBM, los disco de vinilo y la ausencia de teléfonos celulares (la treta que utilizaba Alex para entrar en las casas que iba a asaltar era solicitar el teléfono para llamar a una ambulancia, la cual no hubiese funcionado con los celulares actuales), prueba del enorme salto evolutivo que ha tenido la humanidad en los últimos años. Sin embargo, *La Naranja Mecánica* se ha convertido en una película de culto y tiene aún más impacto que otros films de ciencia ficción realizados posteriormente.

3. CABARET

EE.UU. (1972)

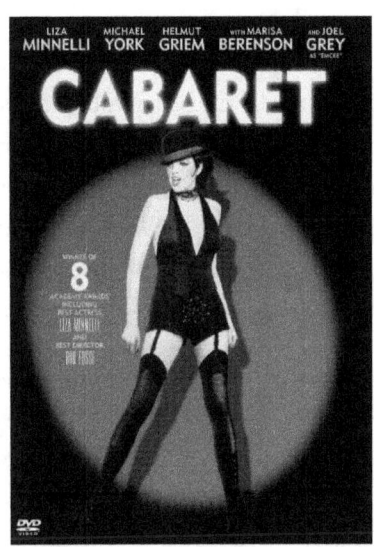

Título original: *Cabaret*

Duración: 2 horas, 24 minutos

Dirección: Bob Fosse

Guion: Jay Presson Allen (adaptación). Basada en la pieza teatral homónima de Joe Masteroff y *Adiós a Berlín* de Christopher Isherwood

Otros: Technicolor[iii]

Género: drama, musical

Reparto: Liza Minnelli (Sally Bowles), Michael York (Brian Roberts), Helmut Griem (Maximilian von Heune), Joel Grey (maestro de ceremonias), Fritz Wepper (Fritz Wendel), Marisa Berenson (Natalia Landauer), Elisabeth Neumann-Viertel (señorita Schneider) y Helen Vita (señora Kost)

Cabaret es una de las obras maestras en el género de películas musicales. A pesar de estar compitiendo con *El Padrino* se llevó ocho estatuillas en los premios Oscar: Mejor director, Mejor actriz, Mejor actor de reparto (Joel Grey), Mejor fotografía, Mejor banda sonora, Mejor montaje, Mejor decorado y Mejor sonido.

La historia se desarrolla en la decadente Berlín de 1931. La recesión y los problemas hacen que los berlineses se distraigan en los centros nocturnos unas horas para olvidarse del día a día. La cantante americana Sally trabaja en el Kit Kat Club, un cabaret animado por un travieso maestro de ceremonias. El club es mostrado como una caricatura de la vida. La música lleva una gran afinidad con la historia que se desarrolla fuera del cabaret. El nazismo está incipiente y cada vez se nota más su presencia. A través de distintos números artísticos se muestra con ironía y sarcasmo la situación social de Alemania.

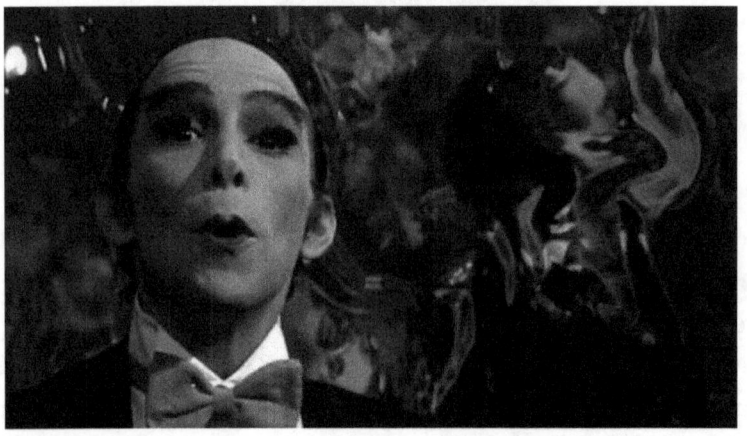

El maestro de ceremonias en la presentación del espectáculo.

La superficial de Sally sueña con ser estrella de cine y para ello no vacila en utilizar cualquier recurso, incluso su cuerpo. Un día conoce a Brian, un estudiante británico que llega a la pensión donde ella vive en busca de alojamiento. Con el tiempo se hacen amigos. Al principio Brian resiste los avances eróticos de Sally, hasta que termina enamorándose de ella.

Una noche, en la que Brian está en el club donde trabaja Sally, conoce a Fritz, un caza fortunas que necesita clases de inglés y Brian acepta dárselas. En una de esas clases Fritz conoce a otra estudiante, Natalia Landauer, una rica heredera judía de la que Fritz queda completamente enamorado.

Los amantes de curiosidades pueden observar en la escena en la que Fritz conoce a Natalia, que la torta ofrecida a Sally cae desde el plato hasta sus piernas. En la siguiente toma la torta está en su pecho. Por cierto en una entrevista realizada años más tarde a Michael York, este mencionó que la caída de la torta fue un accidente. No estaba planeado que sucediera pero quedó tan natural que decidieron incorporarla.

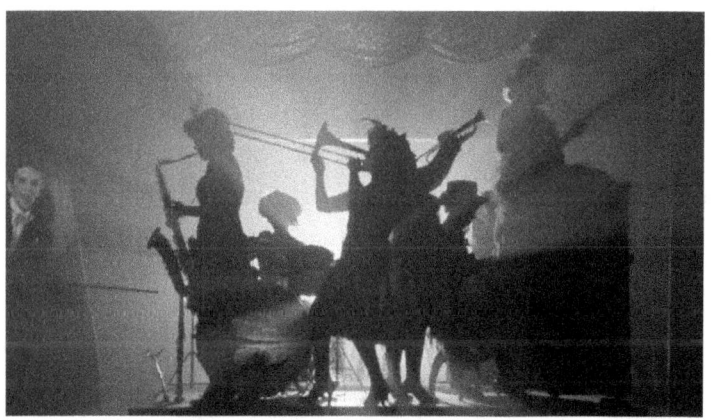

La orquesta conformada por chicas.

Las relaciones de Sally y Brian marchan bastante bien hasta que aparece una tercera persona: el barón Max von Heune, un joven rico y atractivo. Seducida por estos atributos, Sally va intimando cada vez más con él. Brian está celoso pero al mismo tiempo confundido. El barón parece disfrutar de la compañía de ambos. El triángulo insinuado al principio queda explícito al final. Sally y Brian se han acostado con el barón.

Sally queda embarazada aunque no sabe quién es el padre. Inicialmente piensa abortar pero Brian le propone matrimonio y se casan sin importarles de quién es realmente el hijo. Unos meses más tarde Sally decide abortar sin consultar con Brian pensando que un niño le impediría continuar su vida de cabaretera y alcanzar su sueño de estrella de cine. Al final Brian regresa a Inglaterra y Sally se queda en Berlín.

Todas las canciones de la película tienen lugar en el cabaret con una excepción: en una cervecería al aire libre; un joven rubio comienza a entonar una dulce canción "El mañana me pertenece". Al comienzo aparece solo su dulce rostro pero gradualmente la cámara baja hasta mostrar la cruz gamada en su brazo. Los clientes se van sumando poco a poco a la canción y al final se convierte en música marcial y todos levantan el brazo saludando a Hitler. Este es una de las mejores escenas de la película. Al principio cuando este film se exhibió en Alemania, suprimieron esa escena hasta que la enérgica protesta de los críticos obligaron a reintegrarla. Equivocadamente a veces se piensa que esta es una canción popular alemana. En realidad es una especie de "pasticho" compuesta por John Kander y Fred Ebb inspirados en canciones patrióticas alemanas de la época como: "Die Wacht am Rhein" y "Horst Wessel Lied".

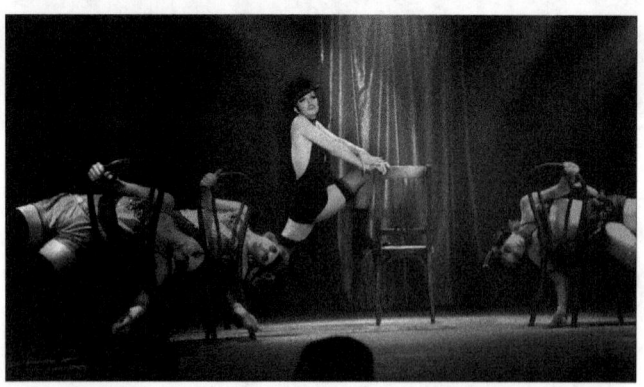

Sally en una de sus actuaciones en el cabaret.

Cabaret es una película compleja y emotiva que llega hasta el alma del espectador, ya sea a través de los geniales personajes o simplemente a través de los inigualables números musicales.

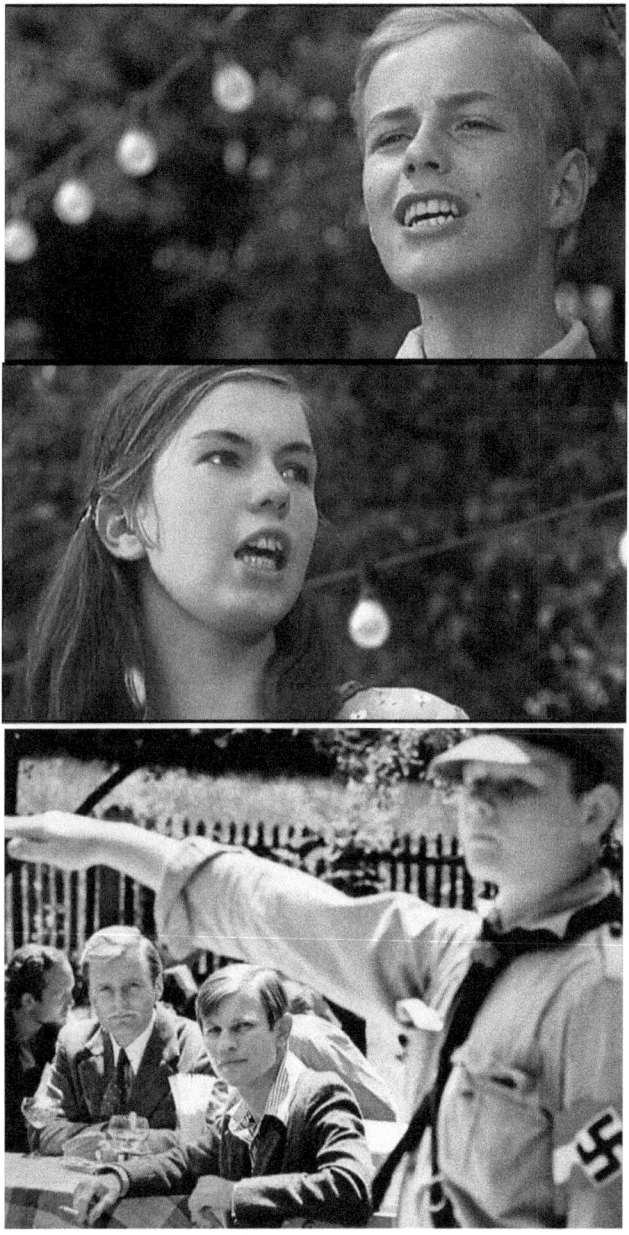

Escena en donde una dulce canción se transforma en un amenazante himno militar

4. JUEGO MORTAL
EE.UU. (1972)

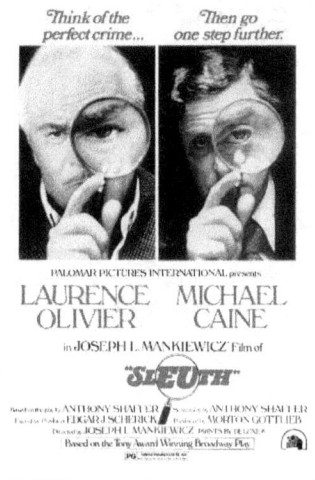

Título original: *Sleuth*
Duración: 2 horas, 18 minutos
Dirección: Joseph L. Mankiewicz
Guion: Anthony Shaffer (adaptación). Basada en la obra de teatro del mismo Anthony Shaffer
Otros: color
Género: comedia, misterio, suspenso
Reparto: Laurence Olivier (Andrew Wyke) y Michael Caine (Milo Tindle)
Otros del supuesto reparto: Alec Cawthorne (inspector Doppler), John Matthews (detective-sargento Tarrant), Eve Channing (Marguerite Wyke, la esposa de Andrew) y Teddy Martin (policía Constable Higgs)

La primera curiosidad que genera este film es que los únicos actores de todo el film, léase bien, los únicos actores que aparecen en la película son Laurence Olivier y Michael Caine. Los otros actores que aparecen en los créditos iniciales (aquí llamados "Otros del supuesto reparto"), no existen. Son los mismos dos personajes o personajes de algún cuadro o un personaje al cual hacen referencia.

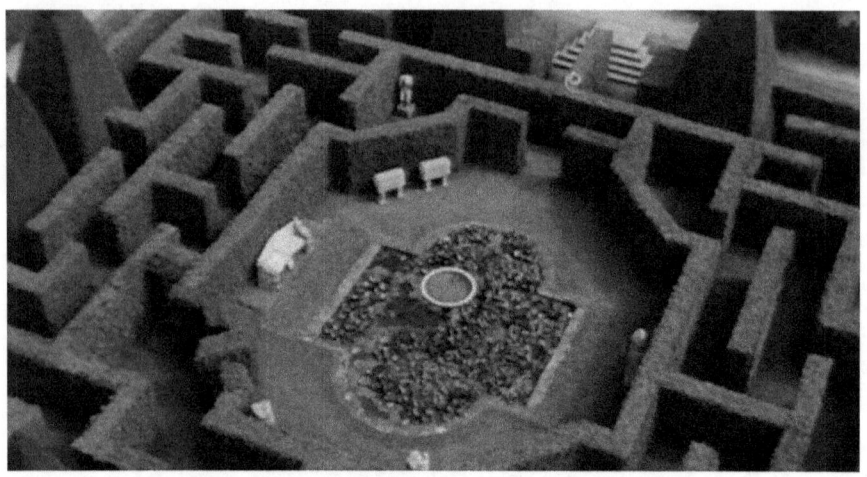

Laberinto de setos donde Wyke recibe a Tindle.

En esta magnífica película, que es la última de Joseph L. Mankiewicz, no esperen encontrar efectos especiales ni escenas increíbles, pero a pesar de eso, mantiene el interés hasta el final, tanto por la cautivadora historia como por la actuación extraordinaria de Caine y Oliver, quizá los dos mejores actores británicos de todos los tiempos. Posteriormente, en el 2007, se realizó un *remake* con el mismo nombre, donde Michael Caine interpretó el papel de Andrew Wyke y es interesante observarlo en el rol que interpretó su contrincante, Laurence Olivier en la versión de 1972 que estamos discutiendo en este capítulo.

Se trata de un *thriller* psicológico que plantea la lucha de clases y el juego como método de humillación y venganza.

El aristócrata Andrew Wyke es un famoso escritor británico de novelas de misterio que tiene pasión por los juegos y acertijos. De hecho, vive en una enorme mansión del siglo XVI con un complejo laberinto de setos en el jardín y dentro de la casa tiene múltiples muñecos, juegos de dardos, tableros de ajedrez, rompecabezas y artefactos que se mueven o ríen cuando él los activa a escondidas para sorprender a sus visitantes.

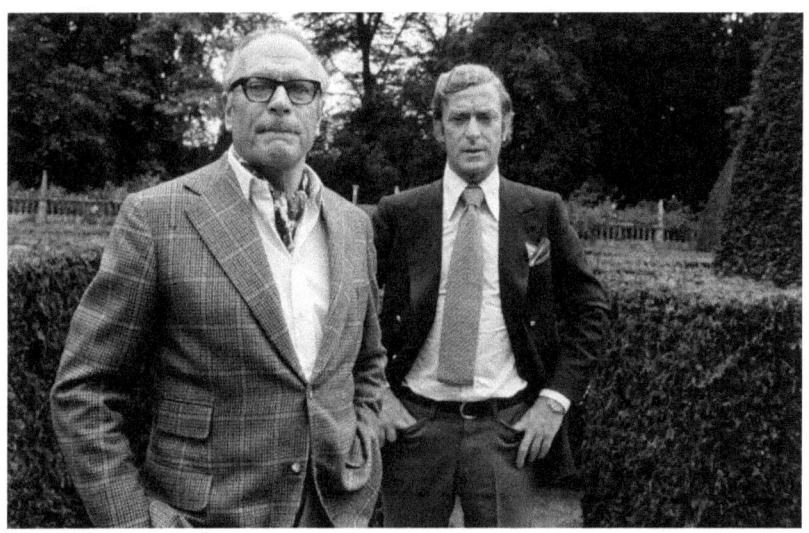

Los protagonistas se dirigen al interior de la casa donde comenzará un juego mortal.

Milo Tindle es un peluquero de origen italiano, propietario de una cadena de salones de belleza y está enamorado de Margarita (este es uno de los personajes que nunca sale y lo solo vemos en una pintura), la esposa de Andrew. Ella le corresponde, pero por supuesto, la relación es secreta.

Una tarde Wyke invita a Tindle a tomar unos tragos y a conversar. Inicialmente Tindle disfruta la visita hasta que el anfitrión manifiesta estar al corriente de que su distanciada esposa Margarita y Tindle son amantes. (Los cazadores de curiosidades pueden observar que cuando Wyke está dictando la novela en el centro del laberinto, el micrófono del grabador está sobre el banco de piedra y repentinamente aparece en su mano).

Para sorpresa de Tindle, Wyke asegura estar encantado con la idea porque le permitirá deshacerse de su esposa. Pero para asegurarse de que las cosas vayan bien, ya que Tindle no cuenta con suficientes ingresos económicos y no podría a la larga con los gastos a los que está acostumbrada Margarita, Wyke le propone un ingenioso plan.

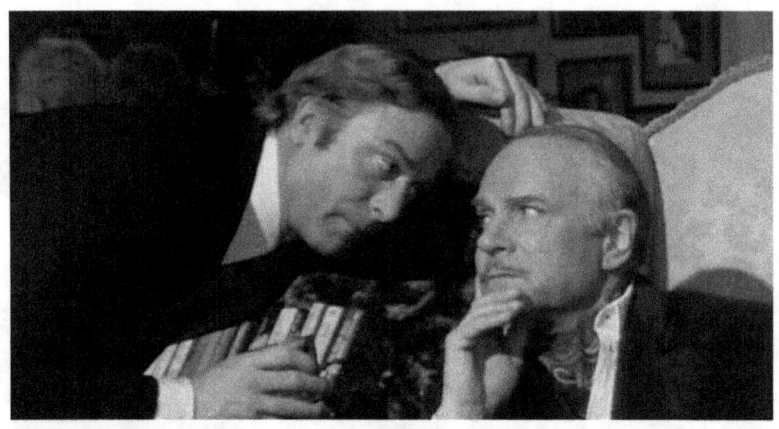

El esposo y el amante preparan el robo de las joyas.

El plan consiste en que Tindle robe unas joyas de la caja fuerte que le permitirían mantener los gustos de su amante y Wyke reportaría el robo al seguro, recuperando su valor. El robo debe parecer natural, por lo que Tindle, bajo la insistencia del esposo de su amante, debe entrar a la casa por una ventana en el segundo piso utilizando una peligrosa escalera, mientras sufre todo tipo de humillaciones hasta que logra volar la caja fuerte y sacar el cofre con las joyas. Luego, ambos desordenan las gavetas y rompen algunas cosas en la sala simulando que hubo una pelea. Una vez que en la casa hay huellas de Tindle por todas partes, Wyke le apunta con un revólver y le dice que cómo se le ocurrió creer que él permitiría que un despreciable italiano de pelo grasoso le arrebatara a su esposa y mucho menos que se llevara sus joyas. (Observen que cuando Milos lanza el manuscrito al aire, la estatuilla del premio Edgar Allan Poe colocada en la chimenea detrás de donde se encuentra Wyke desaparece y luego vuelve a aparecer).

Luego Wyke apunta con un arma a su contrincante. Lo humilla al extremo, lo obliga a arrastrarse diciéndole que luego de matarlo la policía creerá su versión de que encontró a un ladrón en su casa, forcejearon y tuvo que dispararle en defensa personal. La escena concluye con la descarga del arma contra la cara de Tindle que lleva puesta una patética máscara de un payaso sonriente.

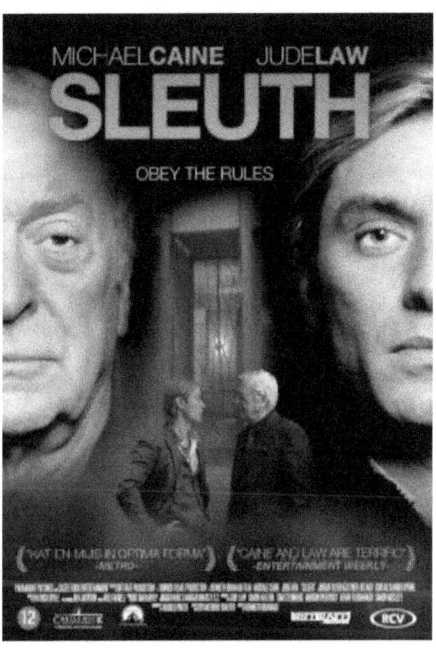

Remake de 2007 con Michael Caine en el papel de Andrew Wyke (papel de Laurence Olivier en la versión 1972) y Jude Law como Tindle.

A los pocos días Wyke recibe la visita del inspector Doopler y ahora la historia se revierte provocándole a Wyke una humillación quizá mayor. Los eventos que siguen son totalmente inesperados y no serán relatados aquí para no arruinar el suspenso del film, por lo que el lector tendrá irremediablemente que verlos para descubrirlos.

Luego le sugerimos que revise el reparto. Hubo que hacerlo de esa manera para darle credibilidad.

5. EL DISCRETO ENCANTO DE LA BURGUESÍA
Francia (1972)

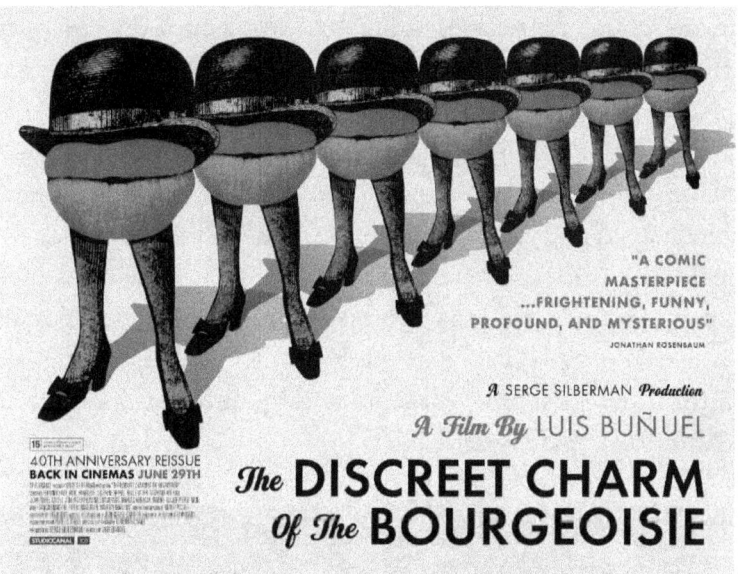

Título original: *Le charme discret de la bourgeoisie*
Duración: 1 hora, 42 minutos
Dirección: Luis Buñuel
Guion: Luis Buñuel, Jean-Claude Carrière
Otros: color (Eastmancolor[iv])
Género: comedia, drama, fantasía
Reparto: Fernando Rey (don Rafael Acosta, embajador de Miranda), Paul Frankeur (M. Thévenot), Delphine Seyrig (Simone Thévenot), Bulle Ogier (Florence), Stéphane Audran (Alice Sénéchal), Jean-Pierre Cassel (Henri Sénéchal), Julien Bertheau (monseñor Dufour), Milena Vukotic (Ines) y Maria Gabriella Maione (Guerila)

Cuando se conoció la nominación de esta película a los premios Oscar, Buñuel, que por ese entonces tenía 72 años, declaró a la prensa que estaba seguro de que obtendría la estatuilla; al fin y al cabo había pagado los 25.000 dólares que costaba la victoria. Añadió, además, que los norteamericanos tendrían uno que otro defecto pero que siempre cumplían su palabra. Por supuesto que las voces de protesta se alzaron en Hollywood.

El discreto encanto de la burguesía ganó el Oscar a la Mejor película extranjera (el único Oscar de Buñuel) y el polémico director volvió a proclamar: "Los norteamericanos tendrán sus defectos, pero siempre cumplen su palabra".

Este film surrealista prácticamente carece de argumento y realmente no es lo importante. Las escenas se yuxtaponen sin conexión aparente. Es simplemente una suntuosa cena en un ambiente exquisito y tranquilo que seis personas adineradas intentan inútilmente realizar. La cena se ve siempre interrumpida por uno u otro obstáculo cada vez más insólito. Sin embargo, este simple argumento sirve de base para un retrato de los valores y clichés imperantes de la clase burguesa.

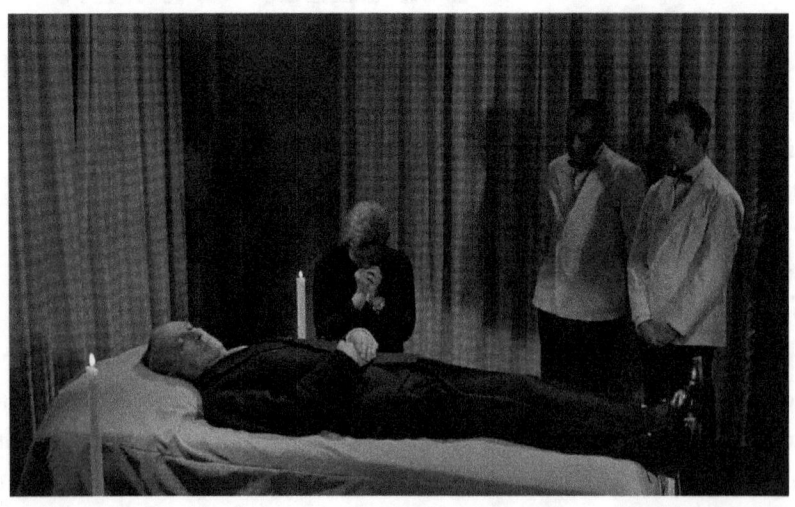

Las damas descubren que están velando al dueño del restaurante en la cocina.

La historia comienza cuando don Rafael Acosta, embajador de Miranda, un país que nadie sabe en dónde queda, llega en compañía del señor Thevenot y dos damas: la señora Thevenot y su hermana menor, a la mansión de sus amigos los Senechal quienes los han invitados a cenar.

La criada les invita a pasar mientras llama a la dueña de la casa. A los recién llegados les llama la atención que la chimenea no está encendida y que la mesa aún no esté servida. Al recibirlos la dueña de la casa, Alicia Senechal, les manifiesta su sorpresa por la inesperada visita. Entonces se dan cuenta de la equivocación. Los invitados creían que la cena era esa noche y la anfitriona les aclara que es al día siguiente en la noche. Sin perder la clase, el señor Thevenot les dice que hay un restaurante cercano con muy buena comida y los invita.

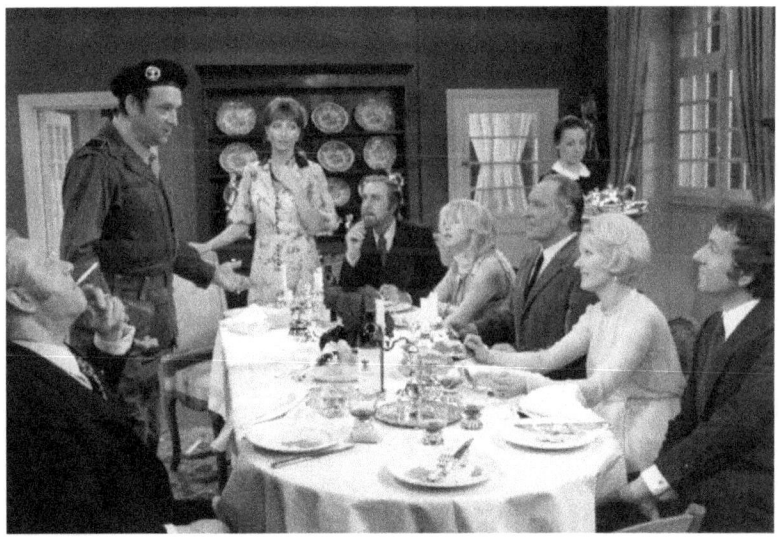

Uno de los intentos de cenar es interrumpido por la llegada de una compañía de paracaidistas.

Los cinco se dirigen al restaurante. Al principio les parece que está cerrado pero al tocar les abren y los invitan a pasar. Les llama la atención que no hay ningún otro comensal. Comienzan a ordenar y entonces escuchan unos gemidos. Las damas se acercan al lugar de donde provienen los gemidos y encuentran que están velando un cadáver, resulta ser el dueño del restaurante quien murió esa tarde. El grupo decide marcharse a pesar de que los mesoneros le dicen que están ofreciendo un excelente servicio de comida. Después de esto, posponen la cena para otra ocasión.

Todos los intentos para reunirse a cenar fracasan por motivos diversos cada vez más extraños, algunas veces reales y otras producto de la imaginación de los personajes. El elemento onírico siempre está presente. Inclusive hay un sueño dentro de otro sueño.

Aunque los protagonistas no logran tener una velada en paz, no pierden las formas y el encanto ante ninguno de los contratiempos que se les presentan. Buñuel ridiculiza a la aristocracia utilizando un refinamiento digno de la misma. Las interpretaciones son magníficas. Es sin duda una de las mejores películas de Buñuel.

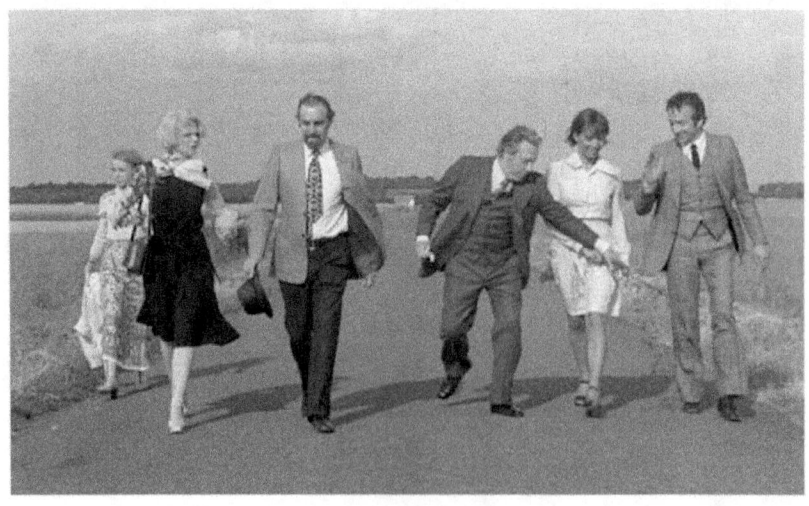

Escena frecuente donde los protagonistas caminan no se sabe con qué objeto.

Hay una escena muy simpática donde los invitados se preparan a tomar un Martini seco. Thevenot, haciendo alarde de su fino conocimiento sobre este cóctel, se ofrece a prepararlo y va describiendo con detalle cómo se hace. Por cierto, se salta la aceituna y las gotas de Vermouth. En su lugar dice que si lo quieren al estilo New York, de la década de los 30, pueden colocar una gota de Pernod. Luego insiste en que la forma correcta de tomarlo es como la champaña. A sorbos y lentamente. El vulgo lo toma de un solo trago. Para demostrar esto llaman al chofer, quien está afuera, a que brinde con ellos. Efectivamente, el chofer se toma la bebida de un solo trago.

Si desean ver una película con un humor disparatado y diferente, esta es la selección.

NELSON CORDIDO ROVATI

6. EL PADRINO
EE.UU. (1972)

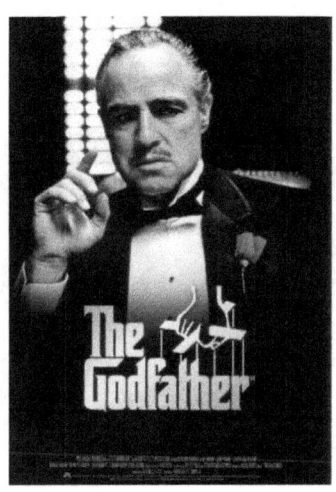

Título original: *The Godfather*
Duración: 2 horas, 55 minutos
Dirección: Francis Ford Coppola
Guion: Mario Puzo (novela) y Francis Ford Coppola
Otros: color (Technicolor)
Género: crimen, drama
Reparto: Marlon Brando (don Vito Corleone), Al Pacino (Michael Corleone), Diane Keaton (Kay Adams), James Caan (Sonny Corleone), Richard S. Castellano (Peter Clemenza), Robert Duvall (Tom Hagen), Sterling Hayden (capitán McCluskey), Richard Conte (Emilio Barzini), Al Lettieri (Virgil Sollozzo), Abe Vigoda (Tessio), Talia Shire (Connie Corleone), Gianni Russo (Carlo Rizzi), John Cazale (Fredo Corleone), Al Martino (Johnny Fontane), Morgana King (mama Corleone) y Lenny Montana (Luca Brasi)

"Le haré una oferta que no podrá rechazar".

Esta obra de arte es, quizá, junto a *Ciudadano Kane*, la película que más se acerca a la perfección cinematográfica. Un magnífico guion preparado conjuntamente por el autor del libro, Mario Puzo y el director de la película, Francis Ford Coppola, junto a un extraordinario reparto (todos están soberbios) y una preciosa banda sonora de Nino Rota. El film ganó tres premios Oscar: Mejor película, Mejor actor (Marlon Brando) y Mejor guion.

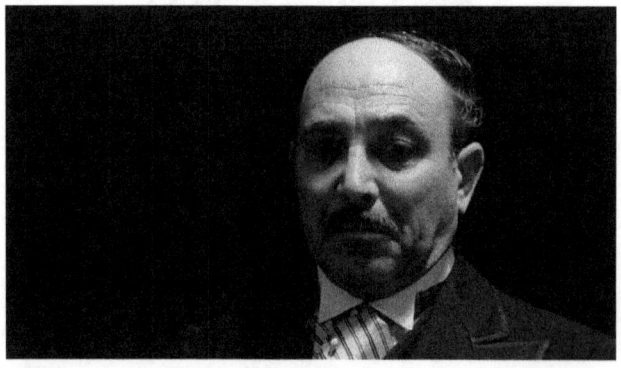

El día de la boda de Connie, uno de los invitados expone su caso a El Padrino.

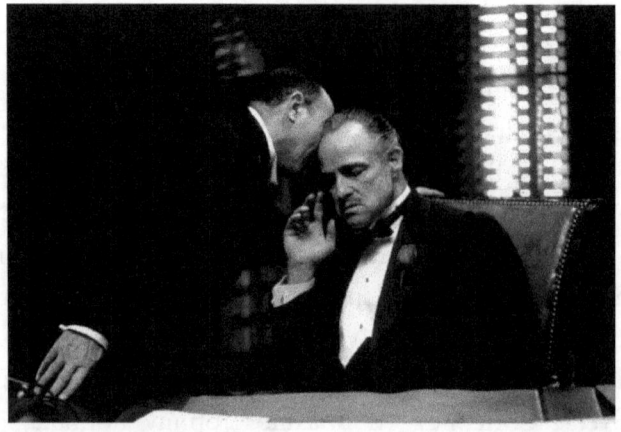

Y luego la hace una solicitud secreta.

Marlon Brando no era del agrado de la productora (Paramount), debido a su excéntrico comportamiento y la baja taquilla de sus últimas producciones, pero Puzo insistió en escogerlo.

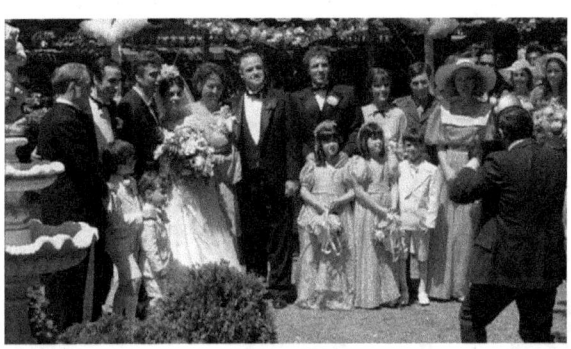

Momento de la fotografía familiar en la boda de Connie.

Paramount le impuso al director que le hiciera firmar un severo contrato incluyendo cláusulas como el descuento de sus beneficios por retrasos atribuidos al polémico actor. Inclusive le obligaron a realizar una audición. Brando se llenó las mandíbulas de algodón para alterar el rostro y la voz logrando un personaje extraordinario para impresionar a los productores.

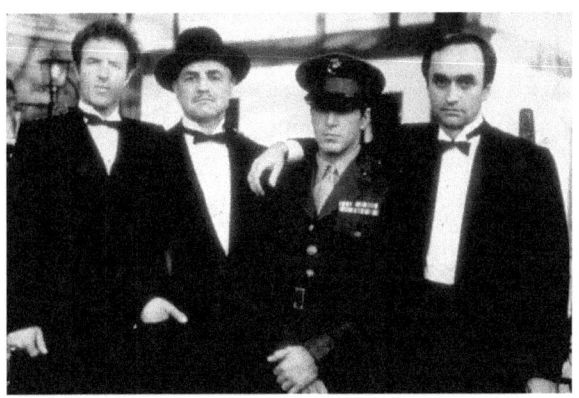

Don Vito Corleone y sus hijos: (de izquierda a derecha) Sonny, Michael y Fredo.

La película comienza con la boda de Connie, la hija de don Vito Corleone, con Carlo Rizzi a finales del verano de 1945 en Long Island, Nueva York. La celebración sirve para realizar nuestro primer acercamiento como espectadores a la familia Corleone. Allí conocemos a los padres, a los hijos y a los amigos cercanos. De acuerdo con la tradición, un siciliano no puede rechazar ninguna solicitud el día de la boda de su hija; por lo que don Vito Corleone, conocido como "El Padrino", está recibiendo las solicitudes de invitados y amigos.

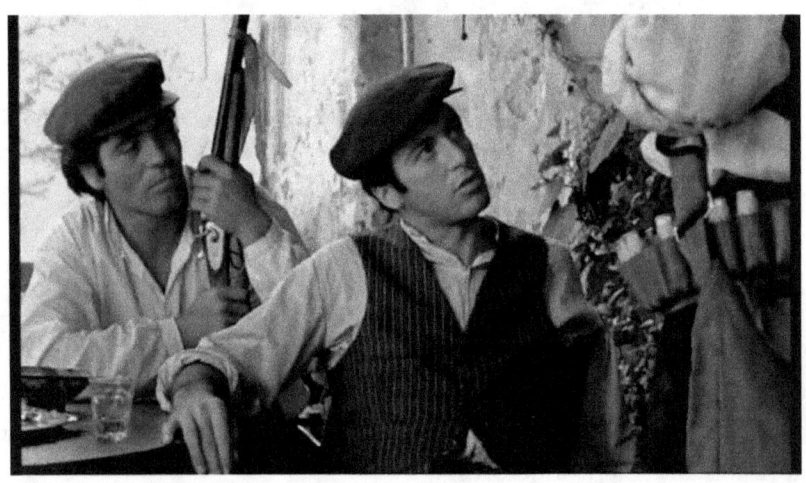

Michael (oculto en Sicilia), llega al restaurante del padre de quien será su primera esposa

Mientras, Michael, el hijo menor de don Corleone, quien acaba de regresar del frente de la Segunda Guerra Mundial, llega a la fiesta acompañado de su novia, Kay. Luego de saludar y bailar un poco es presionado por la ingenua muchacha a confesar cómo su padre obtiene sus objetivos haciendo ofertas que sus rivales no pueden rechazar. Michael le dice que amenazándoles con una pistola, pero le aclara que esa es su familia. Él no es así.

Sollozzo, un importante traficante, le pide a don Corleone financiamiento y protección política para comenzar la importación masiva y la distribución de heroína. Don Corleone rechaza la solicitud y le explica que aunque efectivamente él tiene "amigos" en las altas esferas, los perdería si se enteran de que está en el sucio negocio de las drogas en lugar de sus negocios inocuos como el juego, el alcohol y la prostitución.

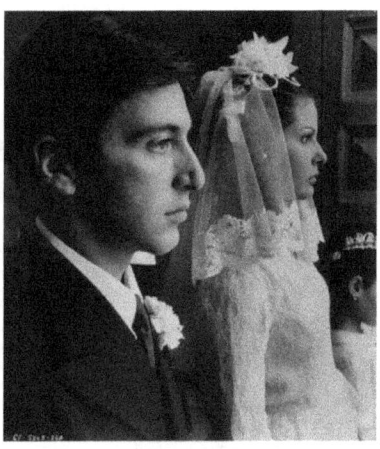

La boda de Michael en sicilia

A los días, don Corleone sufre un atentado del que sobrevive, planificado por Sollozo para sacarlo del negocio, pensando que así podrá contar con la cooperación de Sonny. Michael se ofrece para vengar el ataque a su padre matando a Sollozzo. De esta manera se ve involucrado en los "negocios" de la familia.

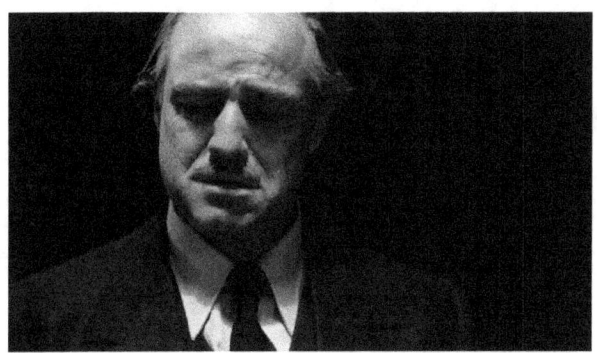

Don Corleone sufre la muerte de su primogénito.

El personaje de Michael Corleone es uno de los más interesantes de la obra. Al inicio es mostrado casi con un rostro angelical que denota inocencia. El maquillaje y los filtros especiales nos muestran un Michael mucho más joven, saliendo de la adolescencia.

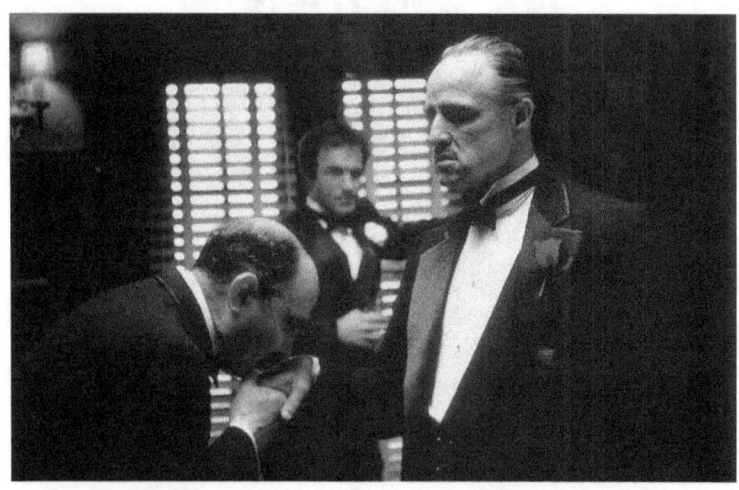

El saludo usual a El Padrino: un beso en la mano.

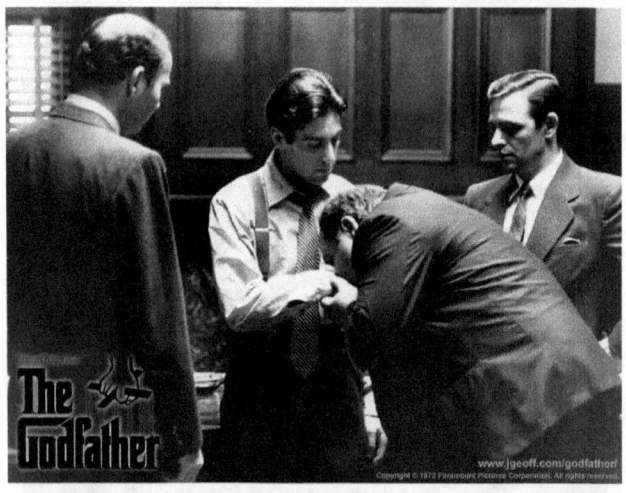

En la última escena vemos que los colaboradores saludan a Michael de la misma manera que lo hacían con su padre

Luego de un brutal proceso de transformación se hace cargo de la familia. En la última escena ya maduro, mira directamente a los ojos de su esposa mientras le miente fríamente sin pestañear. Sus ayudantes lo saludan besándole la mano como a su padre cuando era El Padrino.

Después de esta película, se produjeron *El Padrino II* (1974) y *El Padrino III* (1990), completando la trilogía. La saga de *El Padrino* contiene "todo", es equivalente a Shakespeare en literatura. Las pasiones de los personajes son las de la humanidad, la familia, la lucha por la vida, el amor. Es uno de los casos en que el film supera al libro.

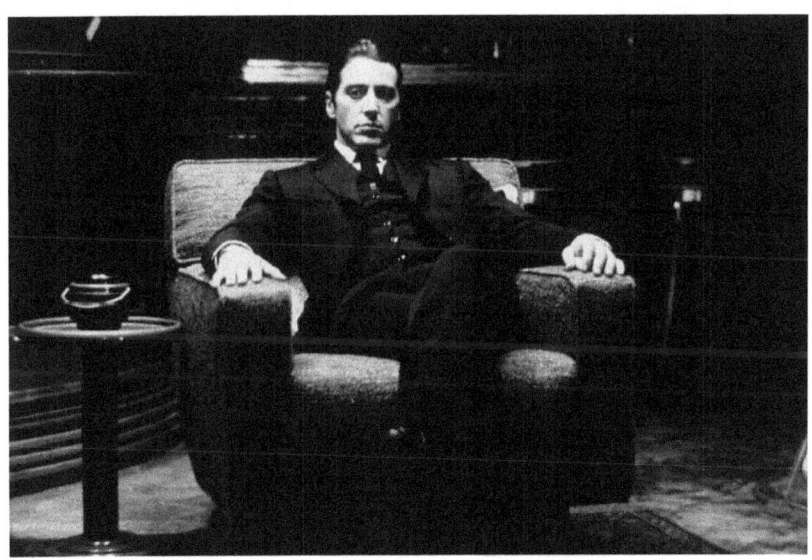

El nuevo Padrino.

7. SOLARIS

URSS (1972)

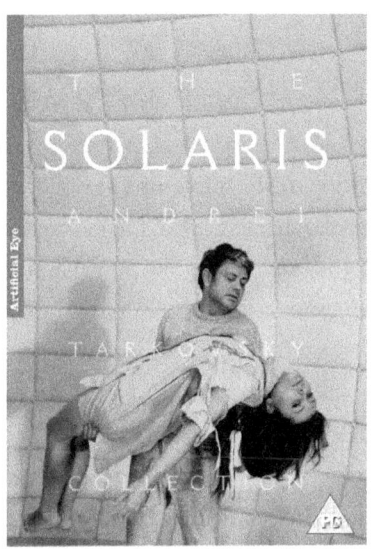

Título original: *Solarys*
Duración: 2 horas, 47 minutos
Dirección: Andrei Tarkovski
Guion: Friedrich Gorenstein y Andrei Tarkovski, basado en la novela homónima de Stanislaw Lem
Otros: B/N y color (Eastmancolor)
Género: drama, ciencia ficción
Reparto: Natalya Bondarchuk (Khari), Donatas Banionis (Kris Kelvin), Jüri Järvet (doctor Snaut), Vladislav Dvorzhetsky (Anri Berton), Nikolay Grinko (Nik Kelvin), Anatoliy Solonitsyn (doctor Sartorius), Olga Barnet (Krisa Kelvina) y Vitalik Kerdimun (Syn Anri Bertona).

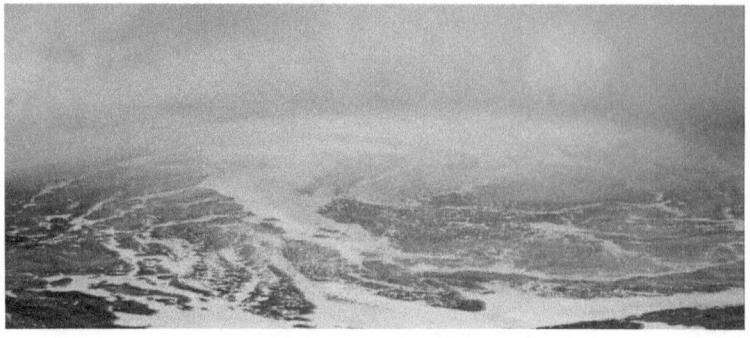

Vista del planeta Solaris.

En el año setenta abundaron las epopeyas espaciales que, a pesar de su escaso contenido, desde el punto de vista técnico y de efectos especiales eran deslumbrantes; como *La guerra de las galaxias* (1977) o *El imperio contraataca* (1980). *Solaris* es una especie de contraproyecto poético frente a ese cine altamente tecnificado, en ella los efectos especiales se han reducido a la mínima expresión. Hay como un desprecio por lo relacionado con la estética preciosista, de colores vivos, brillantes, música sublime, etc. En lugar del mundo aséptico y pulcro de *2001: una odisea del espacio*, aquí vemos a la estación espacial que gravita alrededor del océano inteligente con un descuidado aspecto doméstico muy terrenal, en donde lo humano y cotidiano está siempre presente.

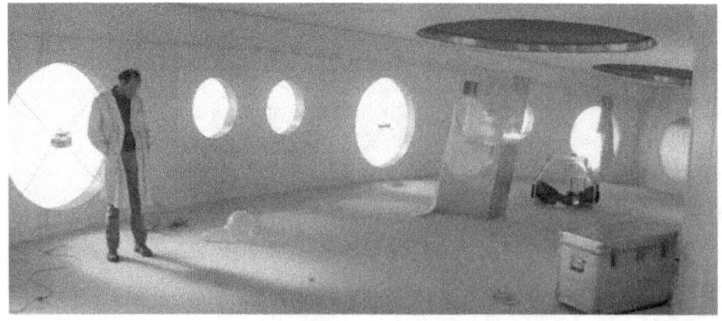

Uno de los tripulantes en la estación espacial.

Fue considerada en su momento como la respuesta soviética a la odisea espacial de Kubrick pero en realidad son dos concepciones totalmente distintas.

La película está basada en la novela homónima del escritor polaco Stanislaw Lem (1921-2006), uno de los pocos escritores de habla no inglesa que ha alcanzado fama en el género de ciencia ficción. El film contiene un toque sombrío pero a su vez escenas de gran belleza con toques minimalistas. Fue rodada en Japón y en la extinta Unión Soviética.

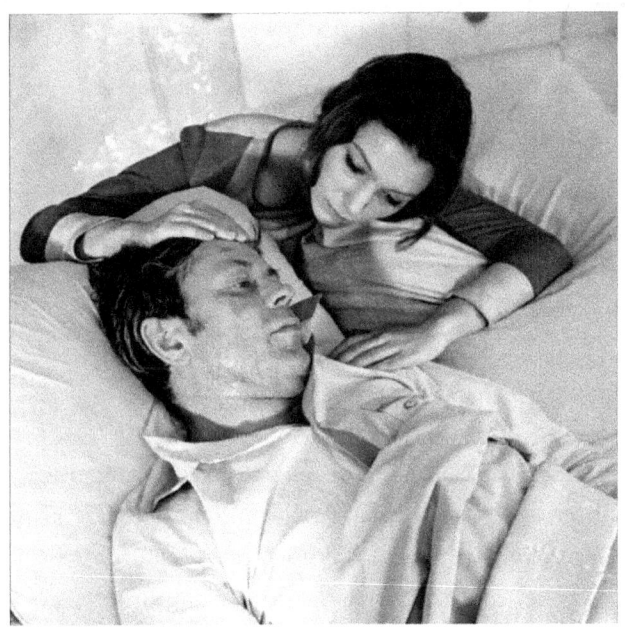

Kelvin es afectado por Solaris y ve cómo se materializa su esposa, quien había muerto unos años antes.

Solaris es un planeta cubierto por un inmenso océano gelatinoso que parece un cerebro gigante: dispone de una especie de inteligencia no humana de extraña manera. Hace décadas que los científicos terrestres intentan analizar a qué se enfrentan con esta inquietante formación. El psicólogo Kris Kelvin es enviado a la estación espacial para averiguar si tiene sentido continuar con el proyecto.

Kelvin no encuentra una estación en pleno funcionamiento, sino unos cuartos desolados y dos tripulantes a los que el miedo ha llevado al borde de la locura. La causa de este extraño comportamiento parece estar relacionada con el océano de Solaris, cuyas biocorrientes influyen en el estado anímico de los astronautas. Inclusive provocan que se materialicen los pensamientos y deseos secretos. Kelvin no escapa a esta influencia y pronto se materializa una copia de su esposa que había fallecido años antes.

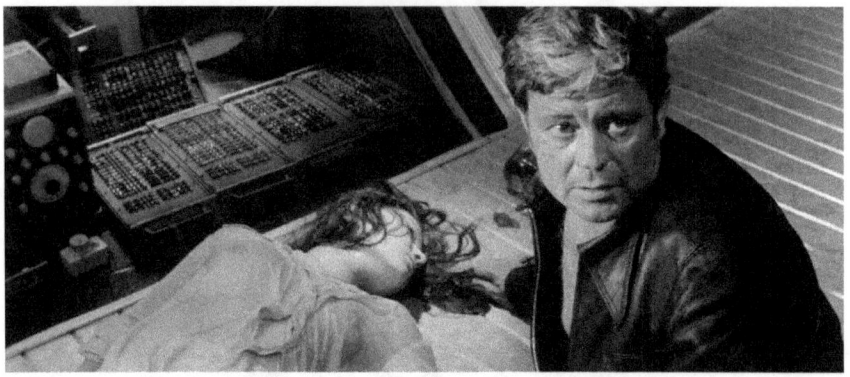

Kelvin no sabe si es realidad o ficción.

Solaris, más que un viaje al espacio, es en realidad un viaje hacia el mundo interior del ser humano, el conocimiento de sí mismo y su evolución como individuo. Vemos más de filosofía, reflexión, teología y enigmas que de ciencia ficción.

No es una película sencilla (lo usual en Tarkovski), es un desafío a la capacidad de asimilación del espectador en casi tres horas de cine difícil y muy personal.

8. EL GOLPE

EE.UU. (1973)

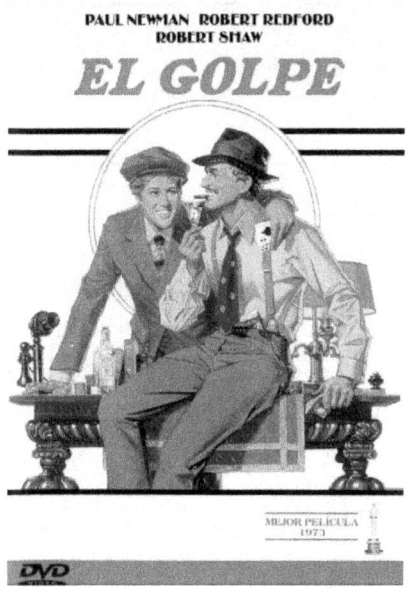

Título original: *The Sting*
Duración: 2 horas, 9 minutos
Dirección: George Roy Hill
Guion: David S. Ward
Otros: color (Technicolor)
Género: comedia, crimen, drama
Reparto: Paul Newman (Henry Gondorff), Robert Redford (Johnny Hooker), Robert Shaw (Doyle Lonnegan), Charles Durning (teniente William Snyder), Ray Walston (J.J. Singleton), Eileen Brennan (Billie), Harold Gould (Kid Twist), John Heffernan (Eddie Niles), Dana Elcar (agente Polk, del FBI) y Robert Earl Jones (Luther Coleman).

"¿Y qué querías que hiciera? ¿Acusarle ante los demás de hacer trampas mejor que yo?"

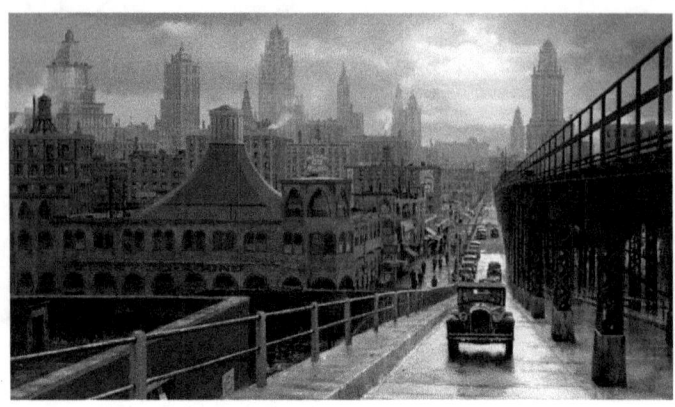

Chicago en el año treinta.

Es el octavo largometraje de George Roy Hill. Aquí volvió a reunir a Paul Newman y a Robert Redford después del éxito que obtuvieron con *Dos hombres y un destino* (1969). Ganó siete estatuillas de la Academia: Mejor película, Mejor guion original, Mejor dirección artística, Mejor vestuario, Mejor montaje y Mejor banda sonora. Si existiera un premio a la "Mejor gomina" para fijación del cabello, también lo hubiera ganado.

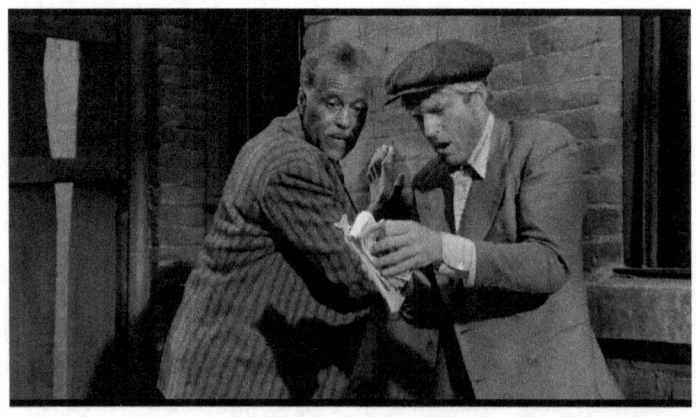

Luther y Hooker obtienen un suculento botín.

54

Es usual que los guiones sean modificados y a veces masacrados por los productores. El guion de esta película es tan completo que los productores no lo tocaron. Es uno de los mejores del cine mundial.

La historia principal se desarrolla en Chicago de los años treinta, aunque comienza en la ciudad de Joliet, también en el estado de Illinois, ubicada a unos sesenta kilometros al suroeste de Chicago.

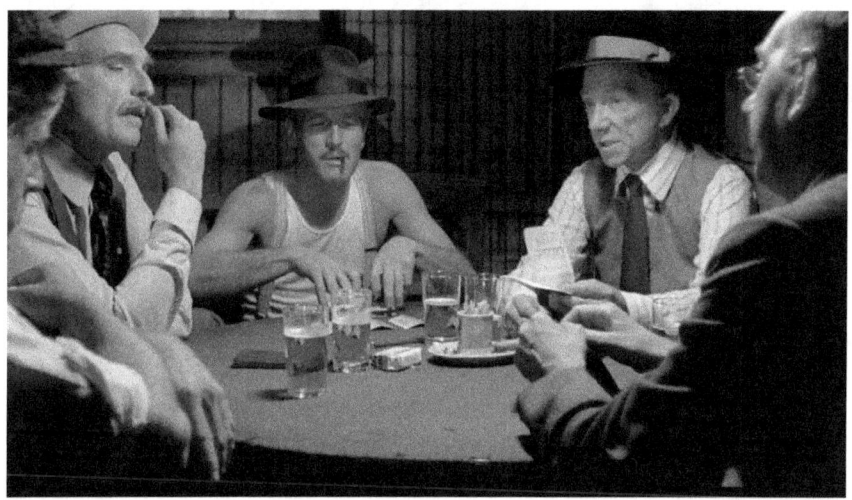

Gondorff en una de las partidas de póker.

Los estafadores Luther y Hooker obtienen un suculento botín sin sospechar que pertenecía a uno de los más temidos jefes de la mafia: Lonnegan, quien ordena a sus matones perseguir al par de granujas y terminan quitándole la vida a Luther. Mientras que Hooker logra huir a Chicago. Allí se esconde en casa de Gondorff, un viejo amigo de Luther y juntos planean un inteligente y fenomenal "golpe" para vengarse de Lonnegan.

El film contiene muchas escenas inolvidables como la partida de póker en el tren o las de la sala de apuestas de Gondorff.

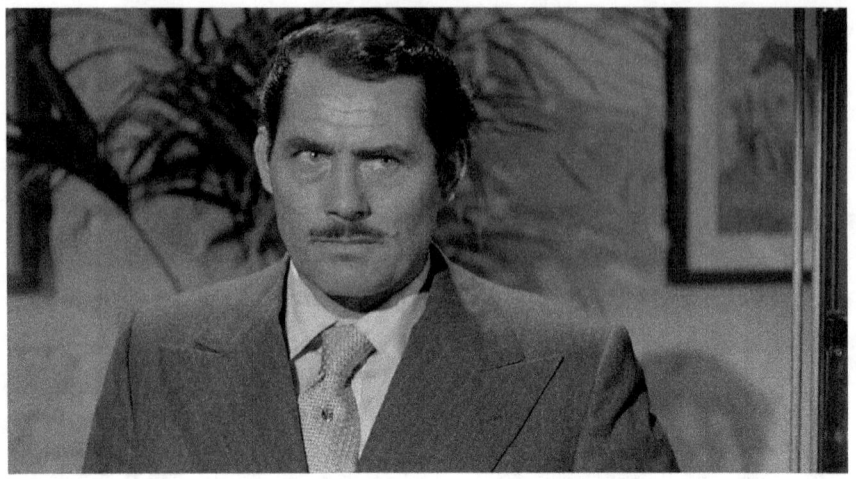

Lonnegan, peligroso jefe de la mafia.

Algunos de los recursos utilizados por el director, George Roy Hill, fueron: el logo inicial de los Estudios Universal es el del año 30, la presentación de los personajes (cosa que los espectadores agradecemos y que rara vez se hace), extraordinaria banda sonora (merecido Oscar) que es inolvidable, vestuario impecable, originalidad en la presentación de cada acto, diálogos ingeniosos y graciosos, los roles secundarios excelentes, sin dejar de mencionar los papeles impecables protagónicos de Newman, Redford y Shaw. Y para terminar, un final sorprendente que no se puede contar.

Algunos de los pocos anacronismos del film son los siguientes: Cuando abren el maletín con billetes de cien dólares, estos tienen el formato moderno y no el del año treinta. Otro es cuando aparecen las botellas de salsa de tomate en restaurantes con tapas modernas que se introdujeron en la década de los sesenta.

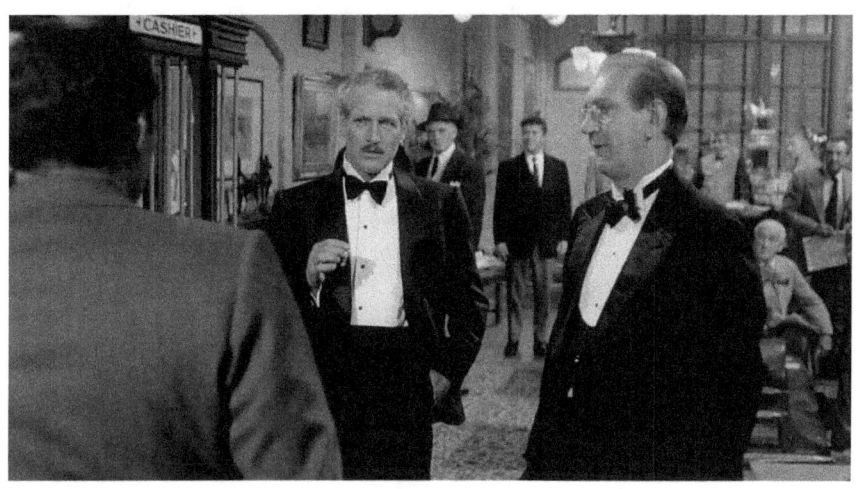

En la preparación de "el golpe".

Esta película perdura intacta en el tiempo y si la ve de nuevo notará que no ha perdido nada de su encanto inicial.

9. EL PADRINO II
EE.UU. (1974)

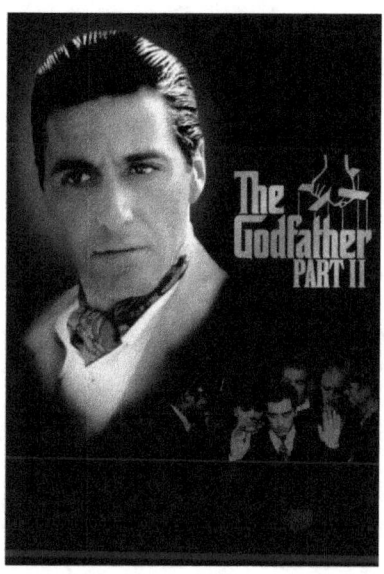

Título original: *The Godfather: Part II*
Duración: 3 horas, 20 minutos
Dirección: Francis Ford Coppola
Guion: Francis Ford Coppola y Mario Puzo
Otros: color (Technicolor)
Género: crimen, drama
Reparto: Al Pacino (Michael Corleone), Robert Duvall (Tom Hagen), Diane Keaton (Kay Adams), Robert De Niro (Vito Corleone), Talia Shire (Connie Corleone), Lee Strasberg (Hyman Roth), Michael V. Gazzo (Frankie Pentangeli), G. D. Spradlin (Sen. Pat Geary), Richard Bright (Al Neri), Gastone Moschin (don Fanucci), Bruno Kirby (Clemenza joven), Francesca De Sapio (mama Corleone joven), Oreste Baldini (Vito Corleone niño) y Frank Sivero (Genco).

"Hay muchas cosas que mi padre me enseñó en esta habitación. Me enseñó: mantén cerca a tus amigos, pero aún más cerca a tus enemigos".

Esta película es la segunda de la trilogía de *El Padrino*. Es la secuela porque continúa la vida de la familia Corleone que vimos en la primera película, y también presecuela, porque muestra los orígenes y la vida de Vito Corleone antes de lo sucedido en el primer film.

Cuando a una gran película le sigue una segunda parte, surge por lo general la desconfianza del público acerca de las posibilidades de superar la primera entrega. *El Padrino II* lo logra, y no es simplemente una continuación de la primera sino que es una obra independiente y en opinión de algunos críticos, llega a superar a su predecesora.

Se llevó seis premios Oscar: Mejor película, Mejor guion, Mejor director, Mejor actor de reparto (Robert De Niro), Mejor dirección artística y Mejor música.

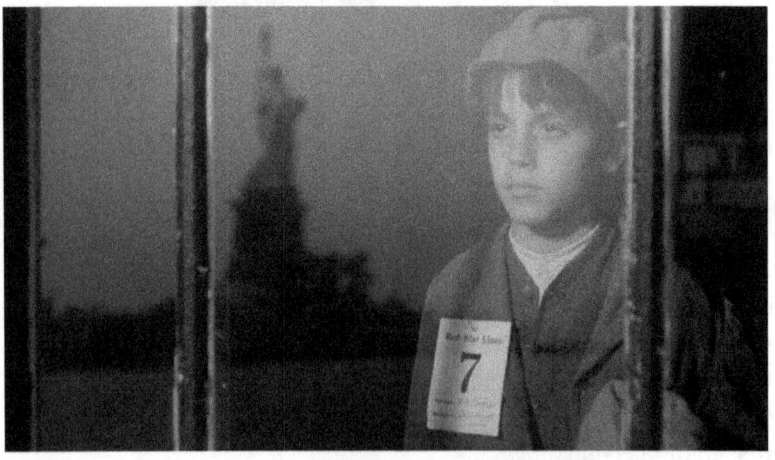

Vito siendo un niño llega a Nueva York.

Cualquiera podría preguntarse: ¿quién es realmente el padrino que da título a la saga? ¿Quién es don Corleone? ¿Es Vito o es Michael? Y si fuesen los dos, ¿cuál es realmente el protagonista? Son preguntas que seguramente surgen mientras se ve el film.

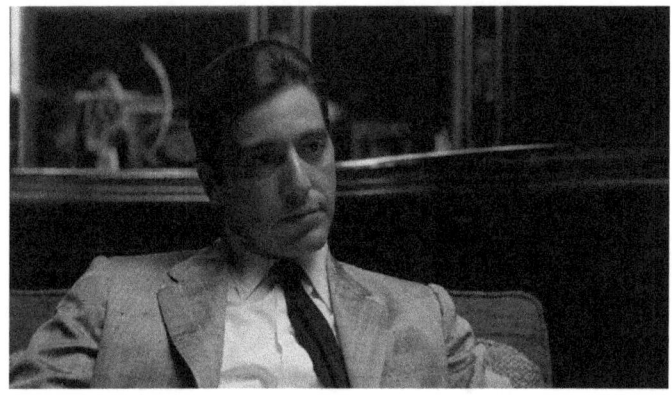

Michael en el estudio de su casa en Las Vegas.

Cuenta dos historias paralelas en diferentes tiempos. La historia principal es la continuación de la primera película, donde sigue la vida de la familia Corleone ahora dirigida por Michael durante la década de los cincuenta. La otra historia es un recuento pasado de la infancia de su padre en Sicilia desde 1901 hasta sus inicios en Nueva York, en donde se casa y tiene sus hijos: Fredo, Sonny y el propio Michael.

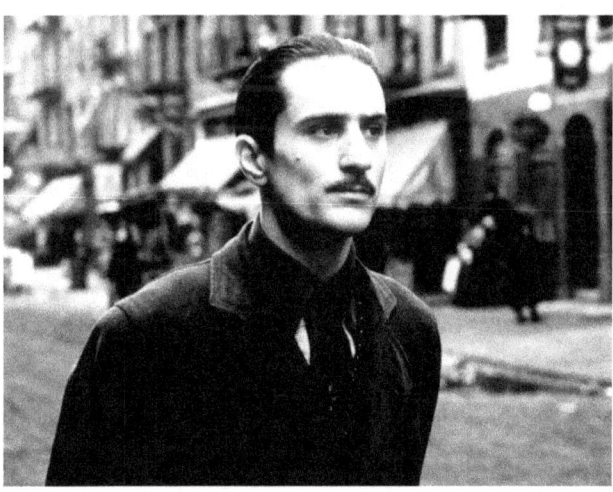

Vito (Robert De Niro) en Nueva York antes de convertirse en "El Padrino".

Se inicia en 1901 en el pueblo de Corleone con el funeral del padre de Vito, Antonio Andolini, quien ha sido asesinado por rehusarse a pagar al jefe de la mafia local, don Ciccio. Durante la procesión hay un tiroteo y matan al hermano mayor de Vito porque había jurado vengar la muerte de su padre. La madre va con Vito a ver a don Ciccio para pedirle clemencia y que no atente contra la vida del niño que es el último hijo que le queda. Don Ciccio se niega argumentando que ese jovencito de nueve años buscará venganza más tarde cuando crezca.

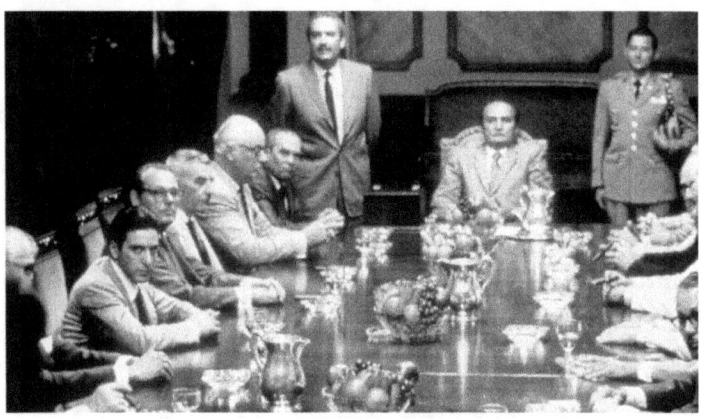

Reunión en La Habana.

La madre desesperada toma como rehén a don Ciccio, amenazándole con un cuchillo en el cuello mientras le grita a Vito que huya. Los hombres de Ciccio someten a la mujer y la asesinan a balazos. Vito logra huir y con la ayuda de la gente del pueblo abandona a Corleone y logra embarcarse hacia América.

Llega a Ellis Island en Nueva York y en el proceso de registro para inmigrantes, el funcionario malinterpreta el nombre de Vito y en lugar de escribir su apellido, Andolini, escribe el nombre del pueblo, Corleone, por lo que queda oficialmente registrado como Vito Corleone.

La historia continúa con su vida en Nueva York, allí se casará y formará una familia.

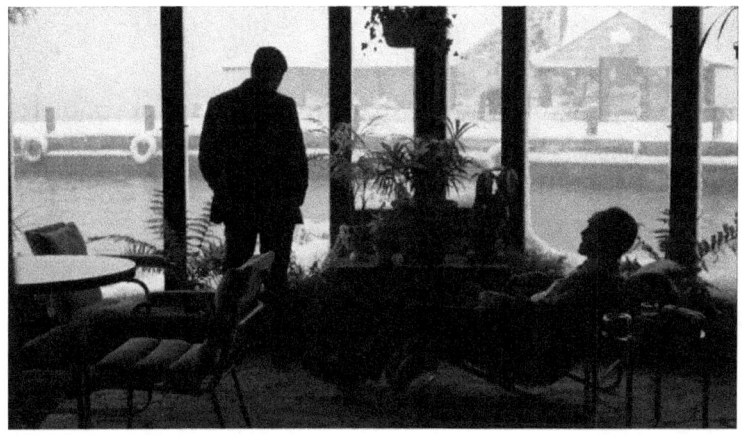

Los hermanos un poco antes de que Michael ordene quitarle la vida a Fredo.

Intercalada con esta historia se relata la segunda línea argumental. La vida de Michael convertido ahora en un gran empresario con negocios legales y otros ilegales, relacionados con el juego y la prostitución en Las Vegas, en donde viven ahora.

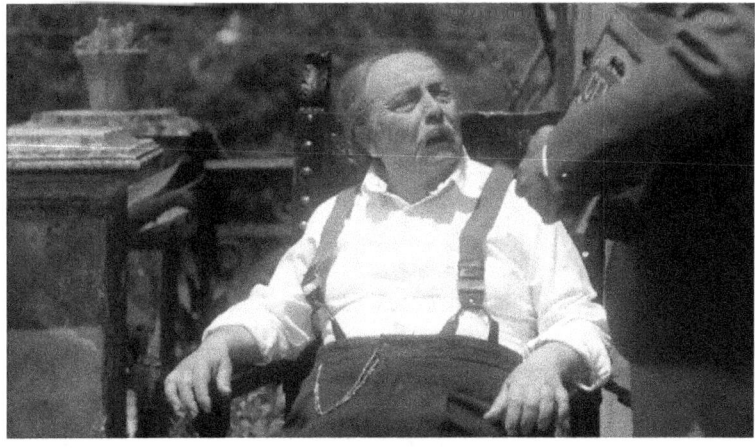

Momento en el que Michael va a vengar la muerte de su padre ocurrida hace muchos años por orden de don Ciccio.

A diferencia de don Vito, Michael lleva a su familia a la destrucción por la ambición y por la sed de venganza, que lo lleva hasta el asesinato de su propio hermano Fredo.

Además de la actuación extraordinaria del protagonista, Al Pacino, los actores secundarios estuvieron soberbios. Robert De Niro, interpretando a Vito Corleone en su juventud (Oscar a Mejor actor de reparto) es la personificación de Marlon Brando tanto en su aspecto exterior como en su voz suave y ronca. La sinuosa narración permite múltiples tramas secundarias, dejando espacio a sus protagonistas y a los actores secundarios: John Cazale, en su papel de hermano humillado, nos recuerda al Caín bíblico; Talia Shire es la única hermana y la oveja negra de la familia (también recibió un Oscar) y Robert Duvall es el abogado de la familia. Cabe destacar que una de las actuaciones más interesantes fue realizada por quien dirigía el legendario Actors Studios de Nueva York, Lee Strasberg, en el papel del gánster Hyman Roth.

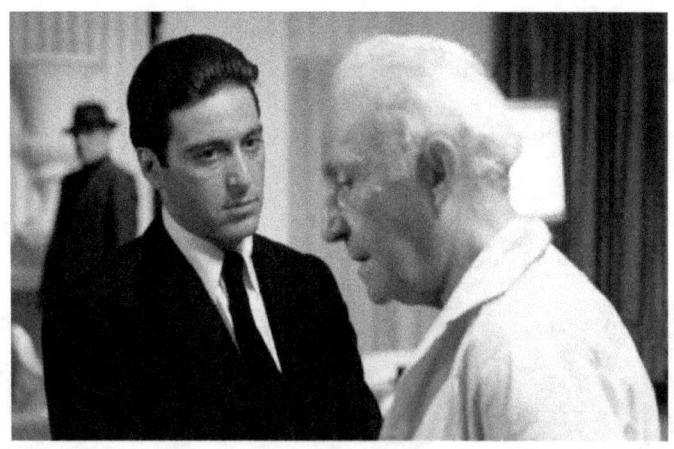

Reunión de Michael y Hyman Roth en Cuba.

El Padrino II, al igual que *El Padrino I* es indudablemente una de las mejores películas de todos los tiempos.

10. CHINATOWN

EE.UU. (1974)

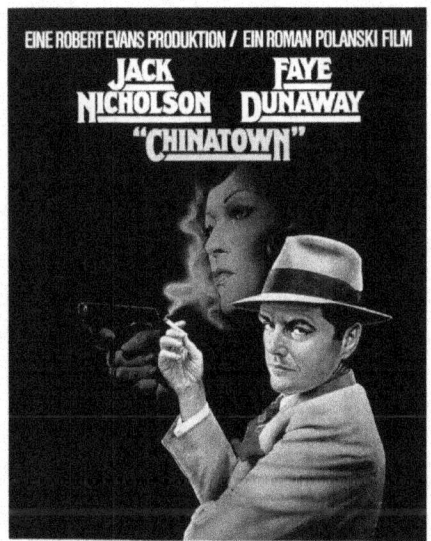

Título original: *Chinatown*
Duración: 2 horas, 11 minutos
Dirección: Roman Polanski
Guion: Robert Towne
Otros: color (Technicolor)
Género: drama, misterio, suspenso
Reparto: Jack Nicholson (Jake Gittes), Faye Dunaway (Evelyn Cross Multwray), John Huston (Noah Cross), Perry Lopez (teniente Lou Escobar), John Hillerman (Russ Yelburton), Darrell Zwerling (Hollis I. Mulwray), Diane Ladd (Ida Sessions), Roy Jenson (Mulvihill), Roman Polanski (vigilante del cuchillo) y Richard Bakalyan (detective Loach)

Con una mezcla de investigación, política, asesinato e incesto, *Chinatown* se ha convertido en una de las mejores películas de todos los tiempos. Se llevó el Oscar al Mejor guion. Por cierto, el nombre de la película tiene poco que ver con la trama.

Ambientada en la década de los treinta, la historia comienza en la oficina de Jake Gittes, uno de los detectives privados más carismáticos que ha producido el celuloide, especialista en casos de adulterio. Una mujer se presenta en la oficina como la señora Evelyn Mulwray, esposa del jefe de ingeniería de la empresa de agua y energía de Los Ángeles. Ella piensa que su esposo la está engañando con otra y le pide a Jake que lo investigue. Inicialmente él cree que es un caso perfectamente rutinario, pero rápidamente toma un giro inesperado.

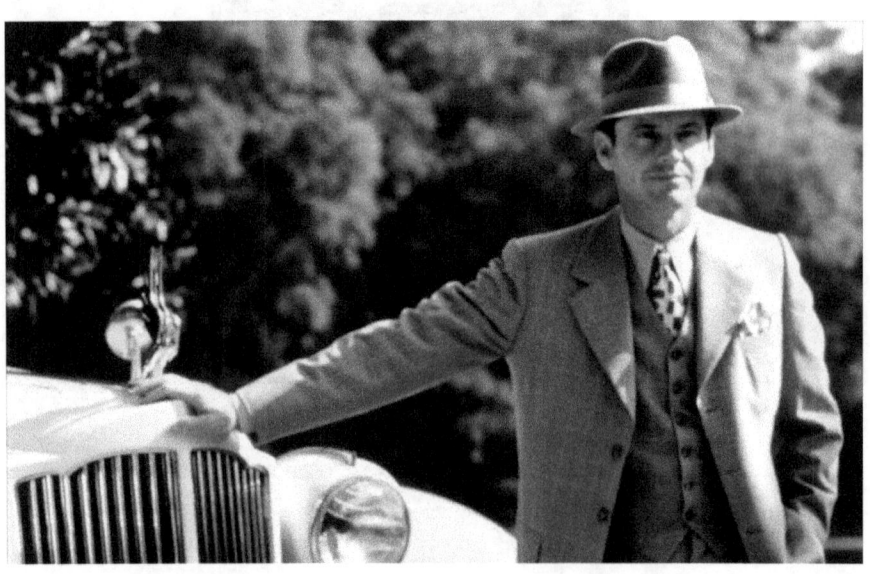

Jake visita la residencia de su cliente, la señora Evelyn.

Luego de una larga labor de seguimiento, Jake logra fotografiar al señor Mulwray con una jovencita en actitudes cariñosas. Por cierto, hay una muy buena toma cuando Jake está fotografiando a la pareja, oculto desde un tejado, y en el lente de la cámara se refleja la imagen de dicha pareja.

Cuando la historia sale a la luz pública provoca un escándalo ya que el señor Mulwray es una figura conocida y controversial, debido a que se opone a construir una nueva represa que, supuestamente, eliminaría el problema del agua en la ciudad.

Luego, Jake recibe la visita de la verdadera señora Evelyn Mulwray, amenazándolo con demandarlo y evidentemente no es la misma que se hizo pasar por la esposa del señor Mulwray cuando contrató los servicios de Jake. Así se inicia este interesante guion.

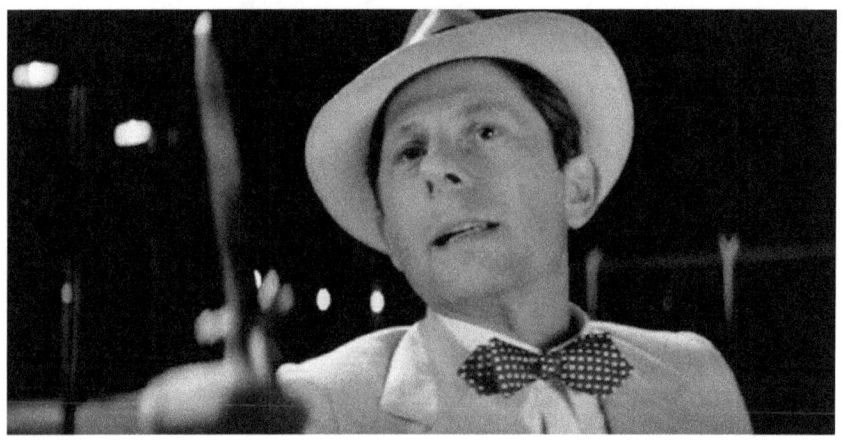

El director del film, Roman Polanski, interpretando al vigilante que le rompe la nariz a Jake.

Una escena muy interesante por las circunstancias en que fue rodada es la siguiente: una noche Jake salta la cerca que protege la represa y entra a las instalaciones. Observa que por alguna razón para él desconocida, están sacando agua de la represa. En eso es descubierto por los vigilantes. Uno de ellos, a quien Jake despectivamente lo llamó enano, saca un cuchillo, lo introduce en la nariz de Jake y le dice: "¿Sabes lo que les pasa a los entrometidos? ¿No? Pierden sus narices". Y violentamente retira el cuchillo de la nariz de Jake, rompiéndosela y generando abundante sangre. A partir de ahí, Jake aparece con una cinta adhesiva en la nariz hasta que finaliza la película.

El vigilante enano es nada menos que el brillante director de la película: Roman Polanski, quien tuvo esa breve actuación.

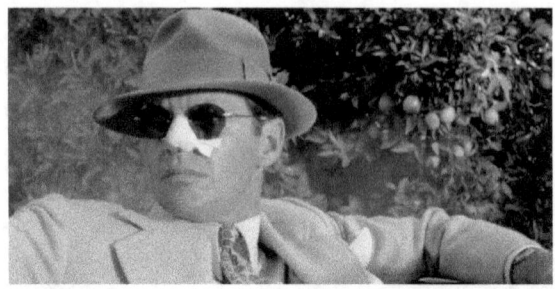

Así le quedo la nariz a Jake luego del altercado con los vigilantes. En el resto de la película siempre tendrá una cura en la nariz.

En una entrevista posterior, Polanski relató que le había mencionado a Nicholson que el cuchillo utilizado se doblaba en una sola dirección, por lo que era muy importante que al momento de la filmación fuese colocado en su nariz de la manera correcta. Le pidió que se lo recordara ya que si se le olvidaba le rompería la nariz de verdad. El día del rodaje Polanski lucia muy ocupado y no escuchó la advertencia de Nicholson. Eso le dio mucho más dramatismo a la expresión de Jack Nicholson durante esta particular escena. El cuchillo estaba en la posición correcta. Luego Polanski le dijo que lo disculpara pero había sido intencional para lograr una expresión de terror única.

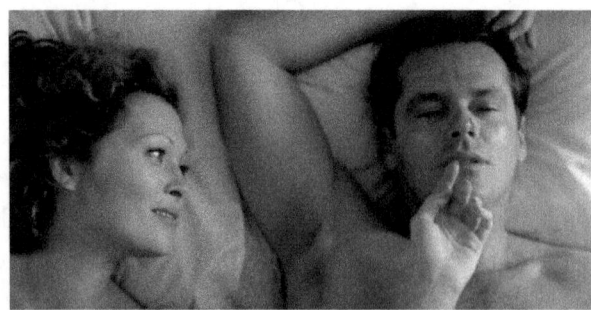

Evelyn Mulwray se convierte en amante del detective.

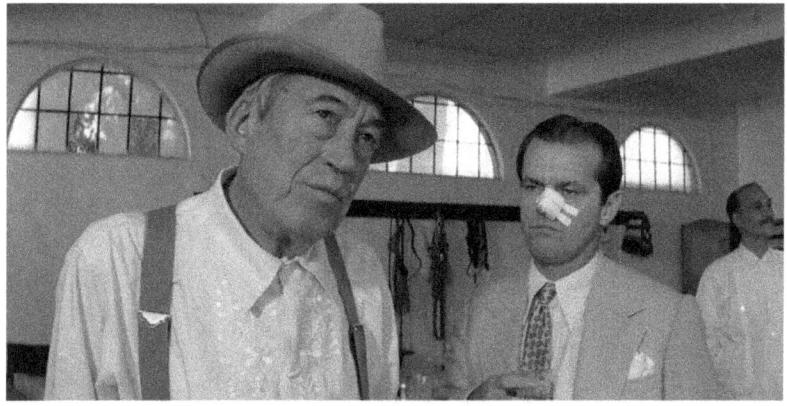

El gran director, John Huston, en el papel de Noah Cross, el padre incestuoso de Evelyn.

Otra faceta llamativa de este film es que algunos lo han catalogado como "nuevo cine negro". ¿No es una contradicción que un "film noir" sea rodado a color? Bueno, realmente el toque "noir" no lo da únicamente el blanco y negro, sino esa ambientación especial que algunos genios logran, esa atmósfera constantemente contaminada por un halo de corrupción, pesimismo y fatalidad.

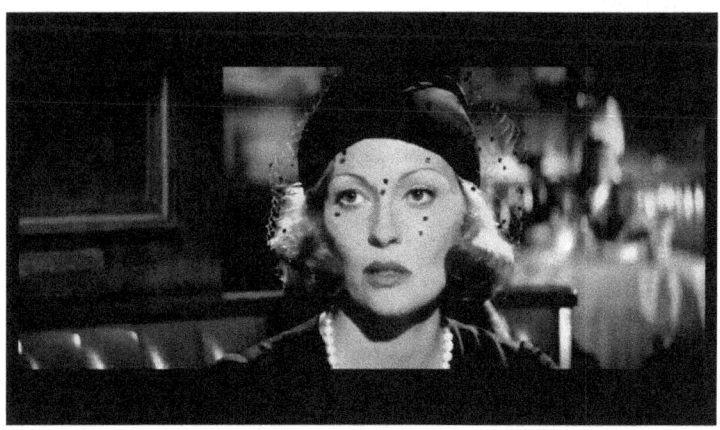

Evelyn Cross Multwray.

Esta es una película de esas que hay que ver dos o más veces por lo complicado de la trama, pero cuando la vuelves a ver, notas detalles interesantes que no habías captado la primera vez. El final, elegido libremente por el director, es atípico e impactante. La banda sonora fue compuesta por Jerry Goldsmith para la ocasión.

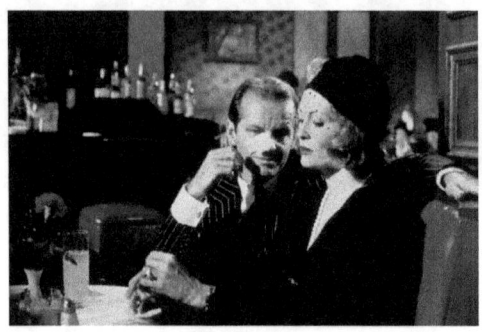

Evelyn y Jake en un restaurante.

Chinatown es una película muy pesimista, sin esperanzas, de esas que te dejan con un nudo en el estómago, donde los malos ganan y Jake en el último momento se da cuenta de eso, manifestándolo en una mirada perdida que transluce nítidamente que no hay espacio para la salvación.

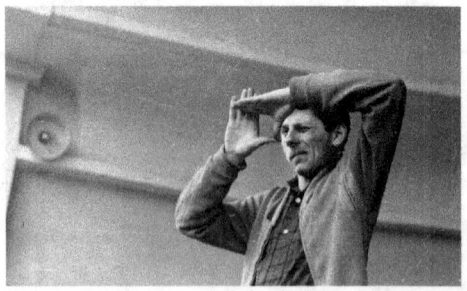

El director del film, Roman Polanski, en pleno rodaje, viendo la escena a través de sus manos

11. LA TREGUA
Argentina (1974)

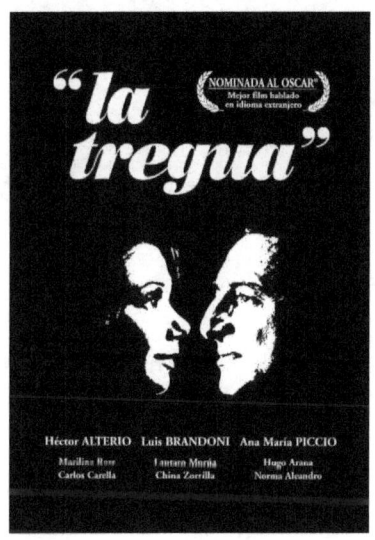

Título original: *La tregua (The Truce)*
Duración: 1 hora, 48 minutos
Dirección: Sergio Renán
Guion: Aída Bortnik y Sergio Renán. Basada en la novela homónima de Mario Benedetti
Otros: color (Eastmancolor)
Género: drama, romance
Reparto: Héctor Alterio (Martín Santomé), Ana María Picchio (Laura Avellaneda), Marilina Ross (Blanca), Cipe Lincovsky (madre de Laura), Oscar Martínez (Jaime), Luis Politti (Vignale), Antonio Gasalla (Santini), Jorge Sassi (Suárez) y Carlos Carella (oficinista)

"Qué me puede pasar peor que no pasarme nada".

Fue la primera película argentina y suramericana en obtener una nominación al Oscar a la Mejor película extranjera. También es una de las primeras películas argentinas en abordar el tema de la homosexualidad, al declararse *gay* uno de los hijos del protagonista.

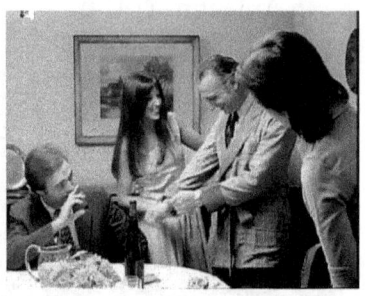

Santomé y sus hijos el día de su cumpleaños.

Mario Santomé es un hombre maduro, viudo. Vive con sus hijos Esteban, Jaime y Blanca en una casa en Buenos Aires, los tres ya mayores. desde que murió su esposa Isabel hace veinte años.

Su vida es totalmente rutinaria, un hombre que ya no espera nada de la vida, con un trabajo de oficina igualmente rutinario, próximo a la jubilación.

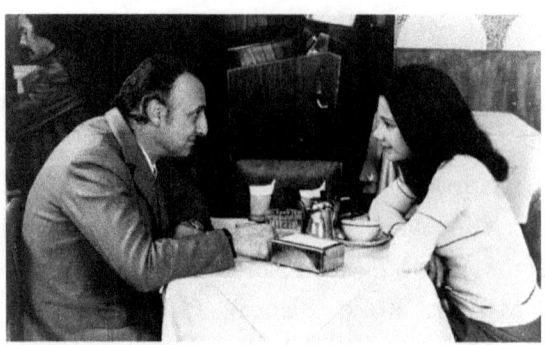

Santomé y Laura pasean después del trabajo.

La historia comienza el día que cumple cuarenta y nueve años, desayunando con sus hijos y yéndose al trabajo en el que lleva treinta años sacando cuentas y manejando números.

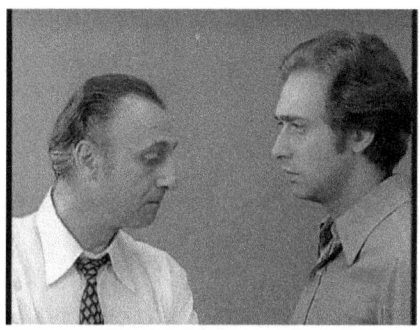

Santomé y su hijo Esteban hablan de la homosexualidad.

De repente dos nuevos empleados, Alfredo Santini y Laura Avellaneda, entran a trabajar en la oficina. Laura es una chica joven de veintitrés años, la primera mujer que trabaja con ellos. Santomé ve desde el principio algo especial en ella y poco a poco la llama del amor reaviva la existencia de este apagado hombre. Una nueva oportunidad, una tregua surge en la vida de Santomé.

El desenlace es inesperado, pero por supuesto no lo voy a contar, solo añadiré que todas las actuaciones están impecables. No hay que perderse la escena de la declaración de amor.

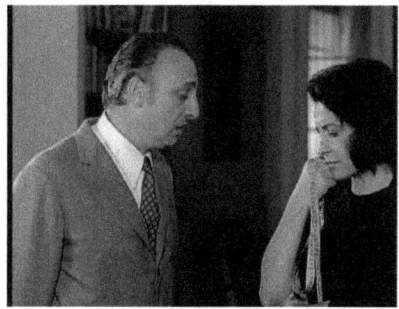

Santomé visita a la madre de Laura.

Mario Benedetti, el prestigioso escritor uruguayo, autor de la novela en que se basó libremente el film, dijo en una oportunidad que no le había gustado la película. Probablemente esperaba una mayor fidelidad a su obra, pero no por eso el film pierde en absoluto su fuerza. Si me tocara ir a una isla desierta sin fecha de retorno y me permitieran llevar solo diez películas conmigo, probablemente esta sería una de ellas.

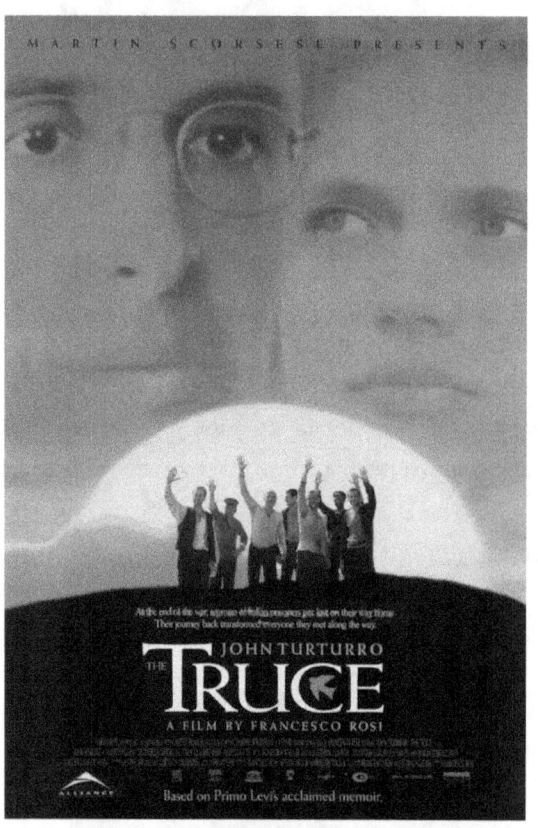

Afiche de la versión mexicana de *La tregua* (2003).

Hay una versión mexicana del mismo nombre creada en el año 2003 y dirigida por Alfonso Rosas Priego hijo, nada extraordinaria.

12. ATRAPADO SIN SALIDA
EE.UU. (1975)

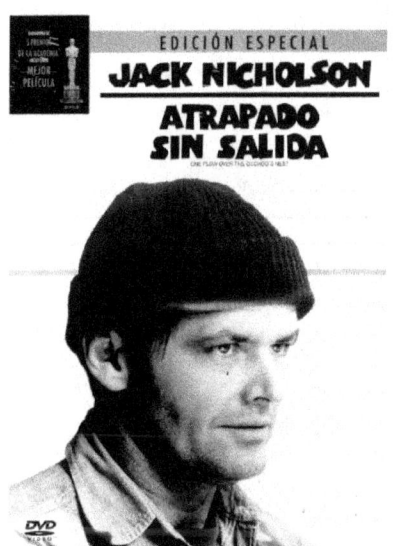

Título original: *One Flew Over the Cuckoo's Nest*
Duración: 2 horas, 13 minutos
Dirección: Milos Forman
Guion: Ken Kesey (novela homónima), Dale Wasserman (obra teatral), Lawrence Hauben y Bo Goldman (adaptación)
Otros: color
Género: drama
Reparto: Jack Nicholson (R.P. McMurphy), Louise Fletcher (enfermera Mildred Ratched), William Redfield (Harding), Brad Dourif (Billy Bibbit), Serge Rezvani (Albert), Anny Nelsen (Lucie), Sabine Haudepin (Sabine) y Marie Dubois (Thérèse)

Atrapado sin salida, como se conoce en la mayoría de los países hispanoamericanos o *Alguien voló sobre el nido del cucú*, en España, (traduciendo el título literalmente del inglés), es una película en donde el protagonista es un delincuente, un violador y, sin embargo, su carisma hace que el espectador esté todo el tiempo de su lado.

Ganó cinco premios de la Academia: Mejor actor principal, Mejor actriz principal, Mejor adaptación del guion, Mejor director y Mejor película.

Jack Nicholson ha ganado en su vida tres premios Oscar como Mejor actor: *Mejor imposible* (1997), *La fuerza del cariño* (1984) y *Atrapado sin salida* (1975), todos bien merecidos, pero si hay uno que es indiscutible es el de la película de la que estamos hablando, donde simplemente estuvo "soberbio".

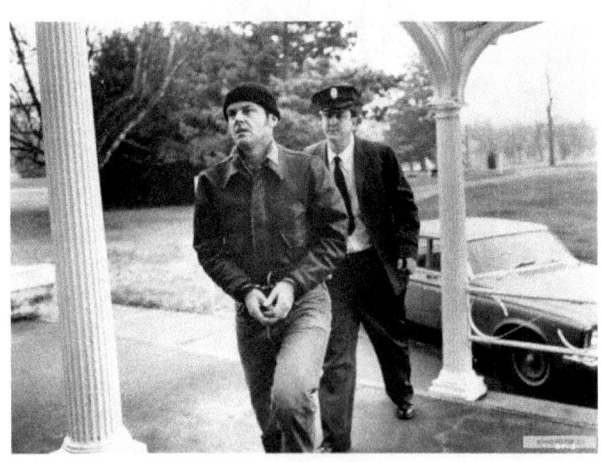

La llegada de McMurphy a la institución psiquiátrica.

El film es una adaptación de la novela ficticia *One Flew Over the Cuckoo's Nest* de Ken Kessey y fue filmado en el hospital psiquiátrico del estado de Oregón; instalación frecuentemente criticada por prestar un servicio por debajo del estándar. Los actores estuvieron diez días encerrados en el hospital conviviendo con enfermos reales y asistiendo incluso a las terapias de grupo para entender mejor la vida de los pacientes y del personal médico.

Randle Patrick McMurphy ha sido acusado de haber violado a chica menor de edad y está cumpliendo una condena en prisión. Para evitar la dura vida del penal, finge estar demente y logra que lo envíen a una institución psiquiátrica para evaluación, aunque en la prisión piensan que está fingiendo.

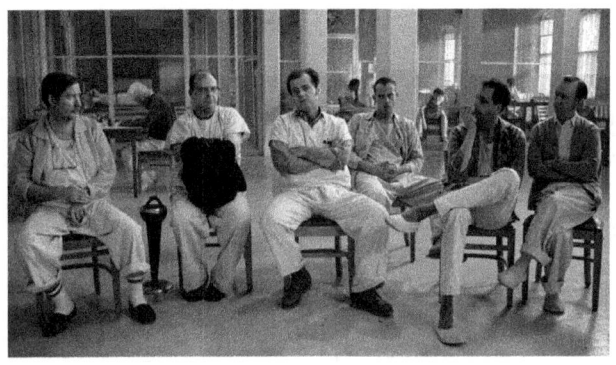

Una de las sesiones de terapia de grupo.

El psiquiátrico está dirigido por una autoritaria y tirana enfermera, Mildred Ratched, quien mantiene a los pacientes completamente intimidados. Al inicio McMurphy es cooperador con la institución, pero a medida que observa los excesos de Ratched con los pacientes, cae en una serie de juegos de poder con ella.

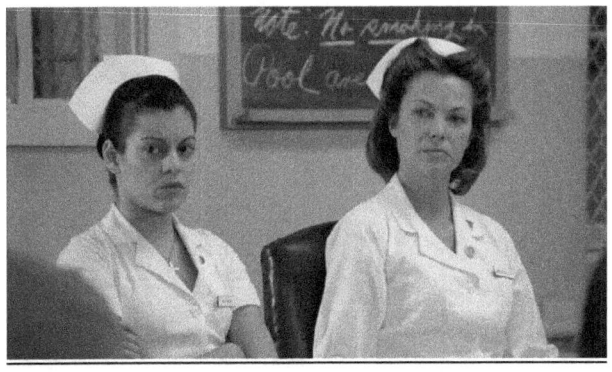

La severa enfermera Ratched y su asistente en una de las terapias de grupo.

McMurphy desarrolla nexos de amistad con los pacientes, especialmente con dos de ellos: Billy, un jovencito miedoso e inseguro que tartamudea y es humillado constantemente por Ratched, supuestamente como parte del tratamiento, y Bromden, un enorme indio norteamericano que sufre de esquizofrenia y es ignorado por los demás pacientes porque es sordo, pero a su vez respetado por su imponente figura.

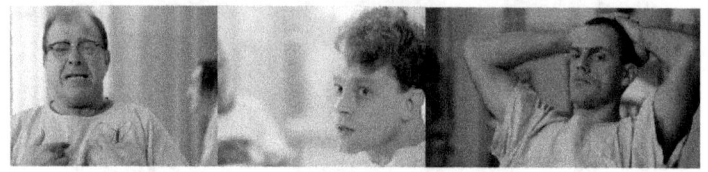

Algunos de los pacientes de la institución.

Las tensiones entre McMurphy y Ratched aumentan. En una oportunidad este le solicita de buenas maneras bajar el volumen de sonido de fondo y tras distintas argumentaciones de Ratched no es complacido. Igualmente McMurphy solicita que les cambien la agenda de actividades para poder ver los juegos de la serie mundial. Después de una serie de votaciones y discusiones tampoco les es permitido.

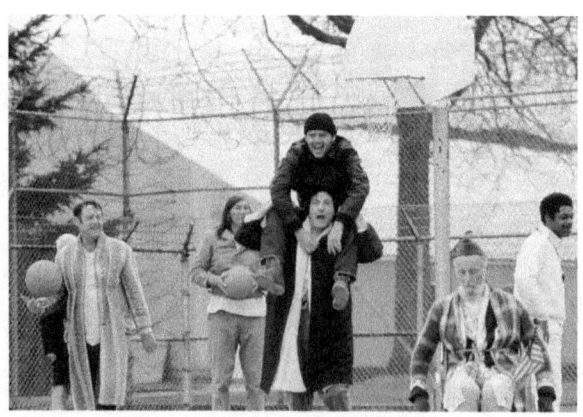

En el campo de juego.

La situación se complica cuando McMurphy se entera de que a pesar de que su pena termina en dos meses, él no será puesto en libertad porque está bajo tratamiento psiquiátrico. En la próxima reunión de terapia la tensión es muy grande y terminan peleando con los enfermeros. Pronto hay una especie de guerra entre los pacientes y el personal de la clínica.

En la historia utilizan la terrorífica terapia del electroshock, muchas veces más como castigo impuesto por el personal a los pacientes rebeldes, contestatarios, inconformes o que no suelen ser convencionales. La película provocó que mucha gente quedara horrorizada. Después de su estreno aumentó el rechazo a la práctica médica de los electroshocks en EE.UU. y disminuyó drásticamente su utilización.

La película impactó profundamente por su agria visión de la sociedad y su crítica a cualquier sistema de poder que anule la libertad del ser humano. Es muy conmovedora y logra provocar en el espectador la reflexión sobre los mecanismos aceptados para la supuesta incorporación de los inadaptados en la sociedad.

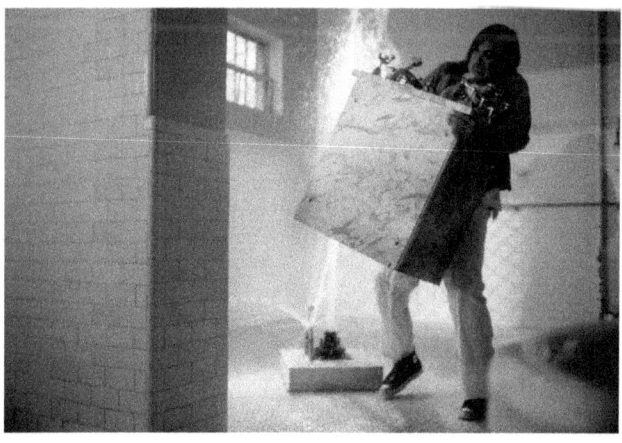

El impactante final cuando Bromden arranca el lavado en homenaje a su amigo.

13. TIBURÓN

EE.UU. (1975)

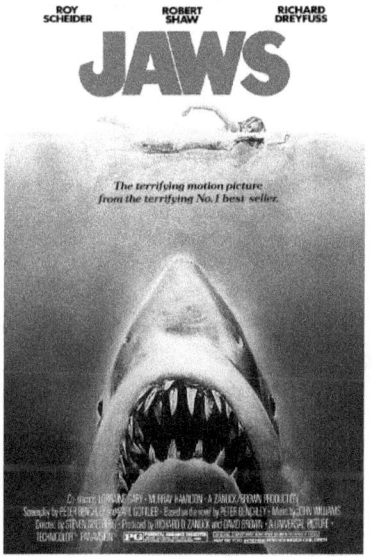

Título original: *Jaws*
Duración: 2 horas, 4 minutos
Dirección: Steven Spielberg
Guion: Peter Benchley, Carl Gottlieb
Otros: color
Género: Aventura, drama, suspenso

Reparto: Roy Scheider (Brody), Robert Shaw (Quint), Richard Dreyfuss (Hooper), Lorraine Gary (Ellen Brody), Murray Hamilton (Vaughn), Carl Gottlieb (Meadows), Jeffrey Kramer (Hendricks).

Tiburón fue la primera película en recaudar los mayores beneficios para una productora hasta ese momento (más de cien millones de dólares solo en EE.UU).

Fue un proyecto ambicioso en el que Steven Spielberg se empeñó en rodar en el mar en lugar de en estudio para dar un mayor realismo, lo cual dificultó mucho las cosas, hasta el punto de que el presupuesto que originalmente era de 3,5 millones de dólares se convirtió en 9 millones al final y el rodaje en lugar de llevarse los 55 días inicialmente estimados tomo 159 días.

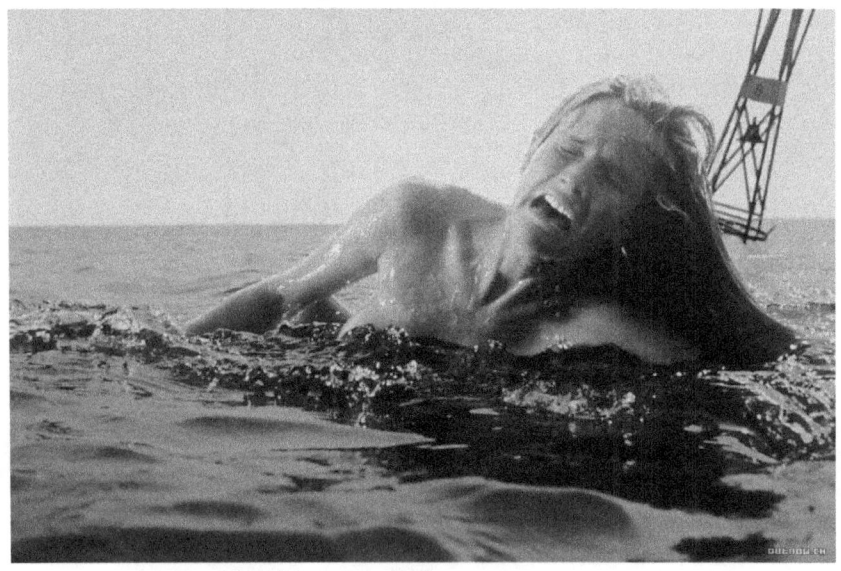

Esta chica es la primera víctima del tiburón

El tiburón que vemos en la pantalla se logra con alguna de las tres réplicas mecánicas de tamaño real que se crearon para el rodaje (a partir de la siguiente década ya no se utilizan efectos mecánicos sino de computadoras), que por cierto eran muy difíciles de manejar. Se necesitaban hasta 14 buzos para hacerlas funcionar y además fallaban con frecuencia por el agua salada del mar. Esa es la razón por la que el tiburón se ve poco, lo que incrementó el suspenso, ya que más terror da lo que no se ve.

La historia se desarrolla en Amity, un pequeño pueblo costero en el Este de EE.UU que vive del turismo. Un enorme tiburón blanco ataca a los bañistas en las playas del pueblo sembrando el pánico.

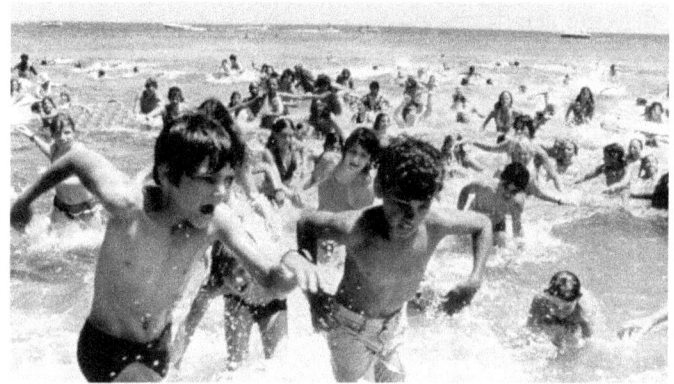

Los bañistas en pánico salen de la playa.

Al inicio las autoridades intentan esconder los hechos para no ahuyentar a los turistas pero lo reiterados ataques lo hacen imposible. Tres hombres emprenden la caza del escualo: El jefe de la policía que le tiene miedo al mar (Roy Scheider), un oceanógrafo experto en tiburones (Richard Dreyfus) y un caza tiburones veterano de Vietnam, con problemas emocionales y psicológicos (Robert Shaw).

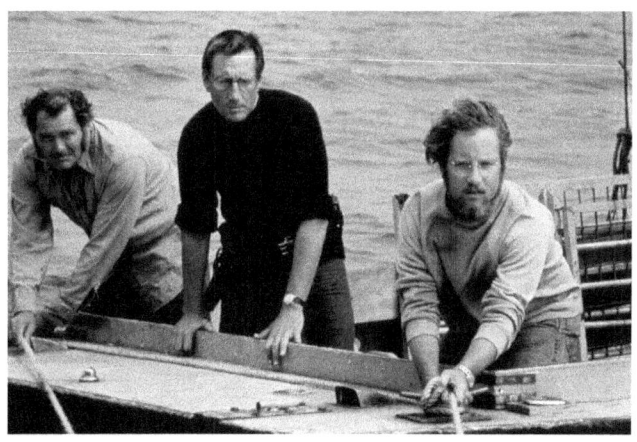

Los cazadores del tiburón en plena faena.

La música fue compuesta por John Williams y obtuvo el premio Oscar a la Mejor banda sonora. Posteriormente el AFI (American Film Institute) la colocó de sexta en la lista de las mejores bandas sonoras del cine estadounidense.

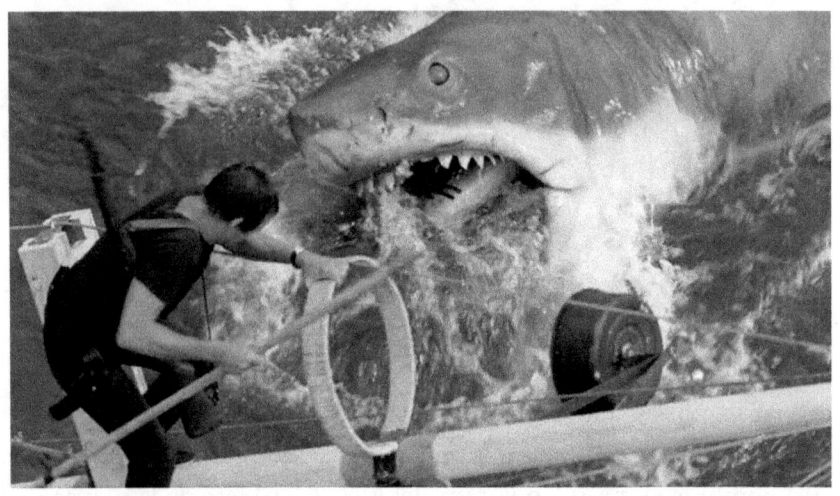

La batalla final entre el jefe de la policía y el escualo

Otra de las características de esta cinta es que estuvo acompañada del mayor conjunto de productos asociados a un film hasta la fecha: el disco de la banda sonora, un libro sobre la filmación de la película, franelas alusivas, toallas de playa, muñecos de tiburón, disfraces, carteles, bisutería con dientes de tiburón y muchos otros detalles; estrategia que después se generalizó en futuras películas.

Tiburón conjuntamente con *La guerra de las galaxias* (1977) fueron el punto de partida del modelo moderno de negocio de Hollywood, basado en films de aventura o acción con historias sencillas, acompañadas de grandes campañas publicitarias.

14. TAXI DRIVER

EE.UU. (1976)

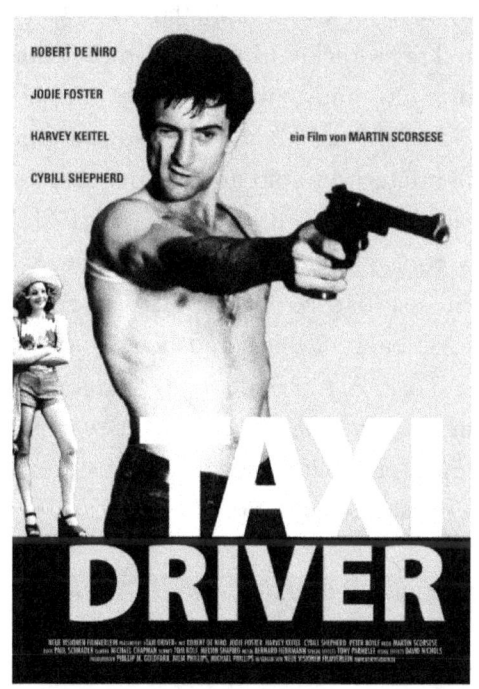

Título original: *Taxi Driver*
Duración: 1 hora, 35 minutos
Dirección: Martin Scorsese
Guion: Paul Schrader
Otros: color (Metrocolor)
Género: drama, crimen
Reparto: Robert De Niro (Travis), Cybill Shepherd (Betsy), Peter Boyle (Wizard), Jodie Foster (Iris), Harvey Keitel (deportista), Albert Brooks (Tom), Diahnne Abbott (vendedora de dulces) y Victor Argo (Melio)

"¿Hablas conmigo?"
(You talking to me?)

Esta película dio a conocer a Jodie Foster quien solo tenía doce años para el momento del rodaje. De Niro viajó a Nueva York, tramitó una licencia de taxista y estuvo unos días ejerciendo la profesión como mecanismo de preparación para el papel que representaría en la película.

La acción se desarrolla en Manhattan en 1975. Está narrada en primera persona. Travis Bickle es un ex-combatiente de la guerra de Vietnam de unos 26 años, mentalmente inestable y se siente rechazado por todos. Solitario, sufre de insomnio, por lo que decide trabajar de taxista nocturno y solo duerme pequeñas siestas durante el día. A partir de ahí lo vemos en su taxi amarillo. Su diversión es ir a ver películas porno y dar vueltas en su taxi en Manhattan, especialmente en los barrios bajos. Así se convierte en testigo silencioso de la violencia, de las injusticias y de las locuras de la ciudad de Nueva York. A través de los ojos del protagonista, el film muestra el submundo decadente, enfermizo y corrupto de la gran ciudad sucia, húmeda, maloliente, agobiante y sin esperanza; ese es el escenario en que se desenvuelve Travis.

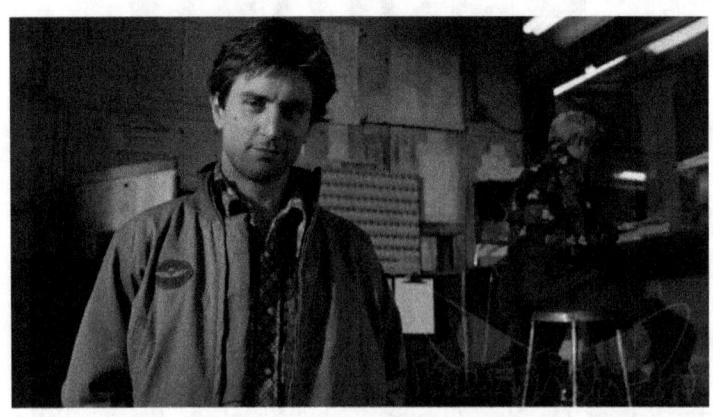

Travis comienza a trabajar como taxista nocturno.

Los amantes de errores observen que cuando Travis se sienta en la fuente de soda Bellmore con sus colegas, pidió solamente un café. Unos segundos más tarde, cuando coloca un Alka-Seltzer en el vaso de agua, hay una hamburguesa en un plato.

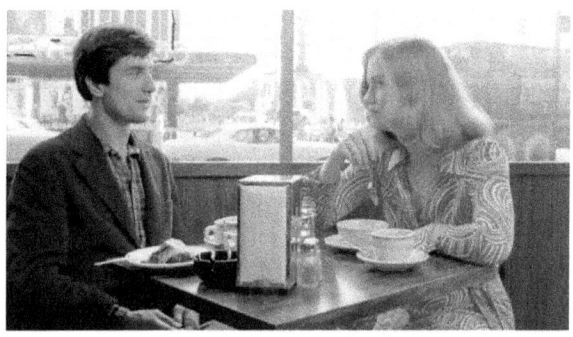

Primera cita con Betsy.

Travis se interesa en Betsy, una chica que trabaja en la campaña electoral para la presidencia del senador Chales Paladine, quién está ofreciendo dramáticos cambios sociales. Betsy le acepta una invitación para salir una noche y Travis la lleva a ver una película pornográfica. Ofendida, ella sale del cine y se marcha sola en un taxi a su casa. Este rechazo deprime a Travis y le acentúa sus tendencias violentas y paranoicas.

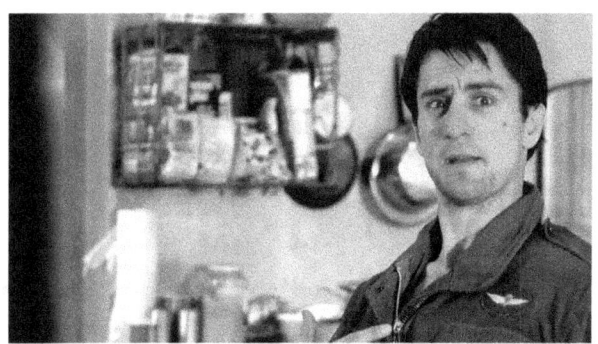

¿Hablas conmigo?

Travis adquiere varias armas y estudia como colocarlas escondidas en su cuerpo bajo la ropa. La más famosa escena es cuando está practicando sacar sus armas delante de un espejo y dice varias veces: "¿Estás hablando conmigo?" En ingles es "¿You Talking to me?".

(Como una curiosidad, el pasajero que se monta en el taxi de Travis y le cuenta que quiere matar a su mujer porque lo engaña, es el propio director de la cinta Martin Scorsese).

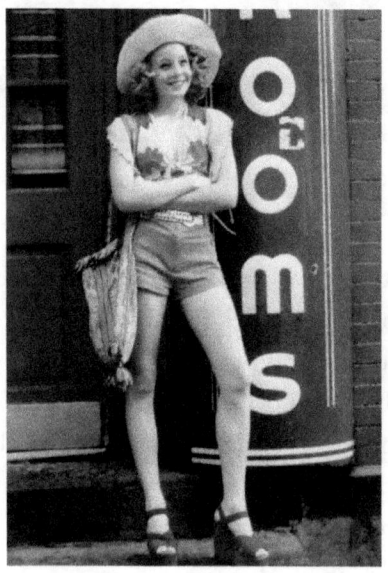

Iris en su trabajo callejero.

Travis se horroriza de la decadencia moral de la ciudad cuando ve en la calle a una prostituta (Jodie Foster) de unos doce años de edad. Ella trata de escapar del hombre que la explota montándose en el taxi, pero antes de que este logre arrancar, el proxeneta la baja del carro y se la lleva a la fuerza. Posteriormente Travis hace una cita con la niña a través del chulo. Pero cuando ella le ofrece sexo, este se rehúsa y la invita a desayunar juntos al día siguiente. Travis se obsesiona con la idea de salvarla de ese mundo de sexo y corrupción, a pesar del desinterés que ella manifiesta. Él trata de convencerla de que vuelva a casa de sus padres y regrese a la escuela sin ningún éxito.

La violencia al final del film hizo que muchos lo tildarán de ultraviolento, al igual que sucedió después con *El club de la pelea* (1999) o como había sucedido anteriormente con *La naranja mecánica* (1971) aunque otros encumbraron el trabajo de De Niro.

Travis, el personaje que nos muestra Scorsese, al inicio es un individuo aparentemente normal, pero a lo largo de la historia, el hombre serio y circunspecto va dando paso a una persona inestable y violenta que llega a convertiré en un loco.

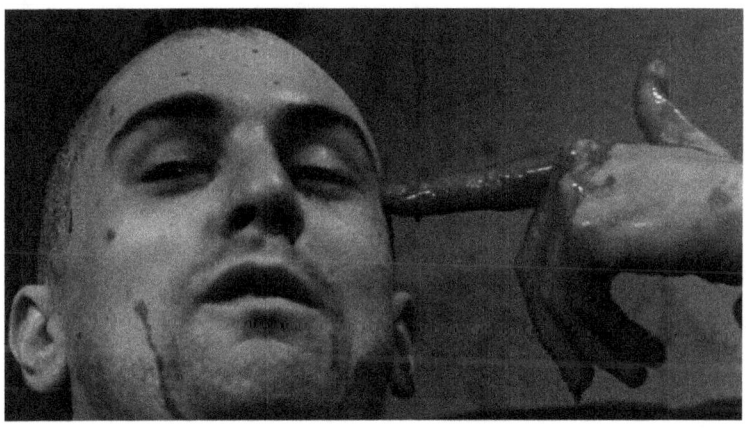

Travis después de acabar con la vid del proxeneta.

La película aporta un excelente trabajo de cámara, con zooms, cámara lenta, distorsiones artísticas, sugerencias visuales, al igual que la música gratamente envolvente de Bernard Herrmann (*Ciudadano Kane, Los pájaros, Psicosis, Vértigo*). Cabe mencionar que la música de *Taxi Driver* fue su último trabajo porque falleció unas semanas previas al estreno.

Taxi Driver es considerada por muchos una de las mejores películas de Scorsese.

15. EL QUIMÉRICO INQUILINO
Francia (1976)

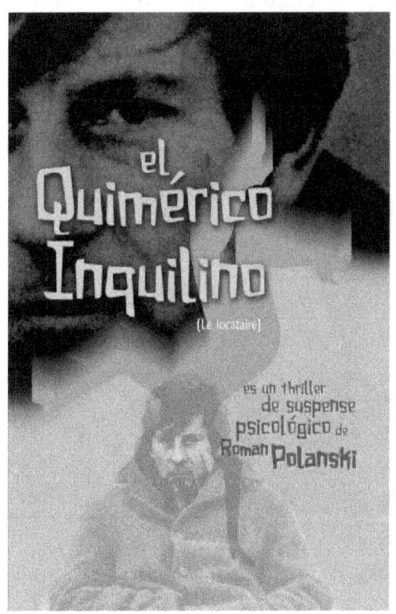

Título original: *Le locataire*
Duración: 2 horas, 6 minutos
Dirección: Roman Polanski
Guion: Gérard Brach y Roman Polanski. Basado en la novela homónima de Roland Topor
Otros: color (Eastmancolor)
Género: suspenso, misterio
Reparto: Roman Polanski (Trelkovsky), Isabelle Adjan (Stella), Melvyn Douglas (Monsieur Zy), Jo Van Fleet (Madame Dioz), Rufus (George Badar), Jacques Monod (propietario del café), Lila Kedrova (Madame Gaderian) y Shelley Winters (la conserje)

Es una película de suspenso psicológico cuya trama se desarrolla en París. Es la tercera de una trilogía en donde Roman Polanski trata el tema del desequilibrio mental en un apartamento, después de *Repulsión* y *El bebé de Rosemary*.

En *El quimérico inquilino*, Polanski juega el doble rol de director y actor produciendo un film con una sensación fuertemente kafkiana. Quizá hasta contenga algunos elementos autobiográficos como el cambio del origen de Trelkovsky propuesto por el director, que en la novela es ruso y en la película es polaco. Polanski aunque nació en Francia, se mudó de niño con sus padres a Polonia, en donde fue a parar a un campo de concentración nazi.

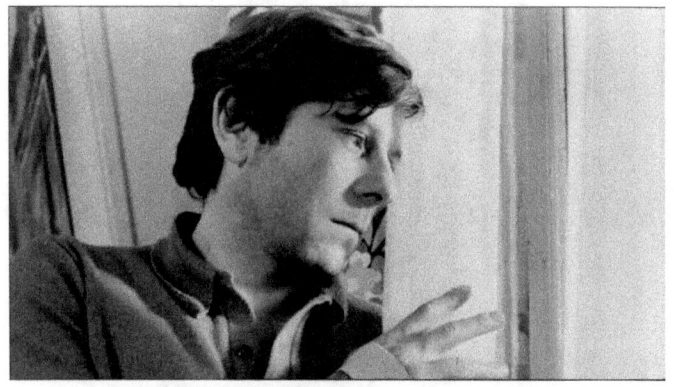

Trelkovsky llega al edificio a rentar el apartamento

Trelkovsky es un hombre tímido y muy amable que se muda a un apartamento supuestamente disponible porque su anterior inquilina, Simone, intentó suicidarse saltando por la ventana por razones desconocidas y se encuentra en estado de coma. En el edificio esperan que muera de un momento a otro para proceder a alquilar el apartamento.

Trelkovsky va al hospital a visitar a Simone y allí conoce a Stella, una amiga de la suicida muy afectada por la tragedia. Al salir del hospital van a tomarse algo y luego al cine. Comienzan a sentirse atraídos el uno del otro. Finalmente la chica muere y Trelkovsky se muda al apartamento.

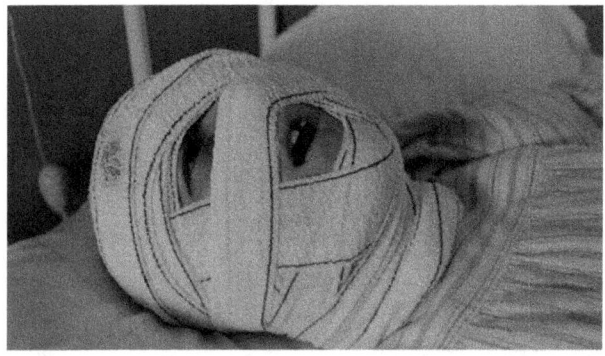

El grito de Simone.

Al acomodar sus cosas observa que en el escaparate hay un vestido que perteneció a Simone. Con el paso de los días la vida se le complica. Los vecinos se quejan de que hace mucho ruido. Luego se gana el desprecio de ellos porque no firma una carta en donde solicitan el desalojo de una inquilina que vive sola con su hija semiparalítica. Con el tiempo comienza a temer que los vecinos intenten provocar en él un estado de paranoia que lo induzca a saltar por la ventana.

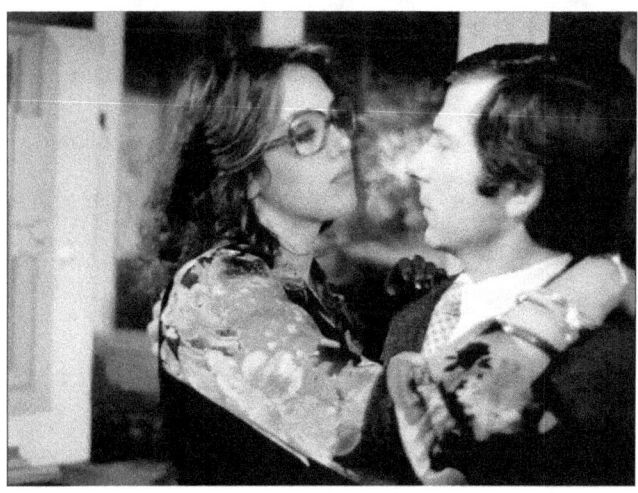

Stella y Trelkovsky se sienten atraídos.

Y de eso trata la película: de una paranoia brutal que nos lleva a vivir una pesadilla. Sin sangre ni monstruos o presupuestos millonarios, solo se hace uso de la complejidad de la mente humana. Eso es suficiente para provocarnos la angustia y el miedo de no saber qué ocurre ni por qué.

Aunque algunos piensen que Polanski no es precisamente un gran actor, en este film hace una actuación inmejorable.

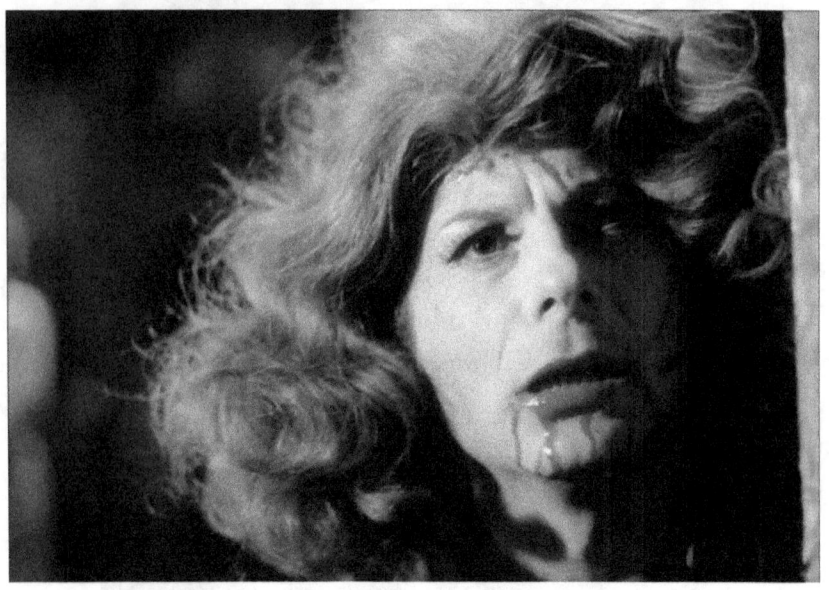

Trelkovsky transformado en la anterior inquilina.

No es solamente un film de suspenso. La profundidad del argumento hace planteamientos filosóficos interesantes, como el diálogo introspectivo del protagonista:

"Dime... ¿en qué preciso momento un individuo deja de ser quien cree que es? Córtame el brazo y digo: 'Mi brazo y yo'. Córtame el otro brazo. Y digo: 'Mis dos brazos y yo'. Sácame fuera el estómago, mis riñones... asumiendo que eso sea posible... Y yo digo: 'Mis intestinos y yo'. ¿Me sigues?

Ahora bien, si me cortas la cabeza... ¿qué debería decir? ¿'mi cabeza y yo' o 'mi cuerpo y yo'? ¿Qué derecho tiene mi cabeza a llamase a sí misma 'Yo'? ¿Con qué derecho?".

La película no tiene los créditos usuales al final de cualquier film, solo el logo de Paramount. Aunque en su estreno fue un sonado fracaso, actualmente es considerada por muchos como una de las mejores películas de Polanski.

NELSON CORDIDO ROVATI

16. CRÍA CUERVOS

España (1976)

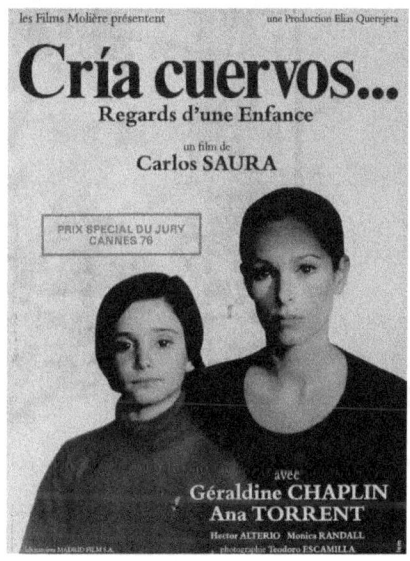

Título original: *Cría cuervos*

Duración: 1 hora, 47 minutos

Dirección: Carlos Saura

Guion: Carlos Saura

Otros: color (Eastmancolor)

Género: drama

Reparto: Geraldine Chaplin (Ana,la madre), Mónica Randal (Paulina), Florinda Chico (Rosa), Ana Torrent (Ana), Héctor Alterio (Anselmo), Germán Cobos (Nicolás Garontes), Mirta Miller (Amelia Garontes) y Josefina Díaz (abuela)

Esta película obtuvo el Premio del Jurado del Festival de Cannes y convirtió a Carlos Saura en un verdadero fenómeno de masas en los países en donde el film obtuvo gran éxito taquillero, por ejemplo Francia. Igualmente, una de las canciones de la banda sonora *¿Por qué te vas?* de Jeannette, llegó a altas posiciones de ventas. El título de la cinta alude al refrán "Cría cuervos y te sacarán los ojos".

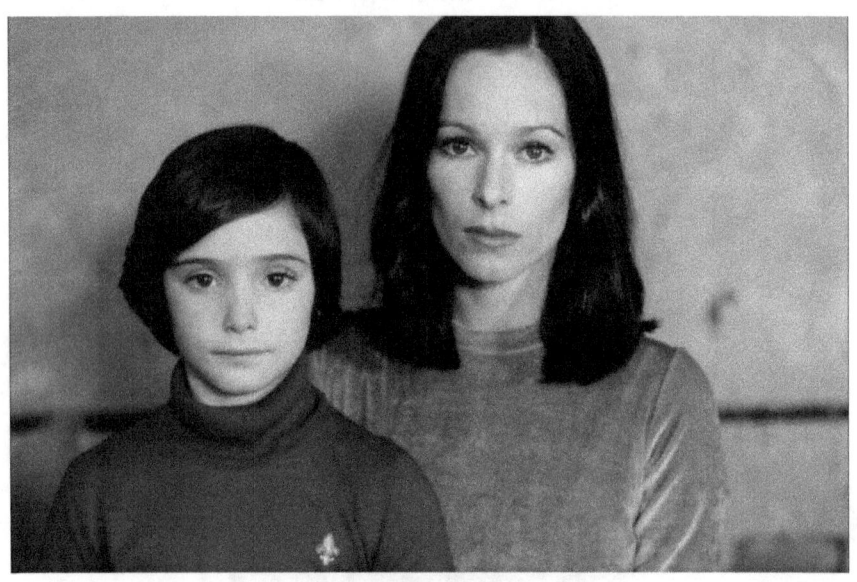

Ana y su madre.

Cria Cuervos es la historia de Ana y de sus dos hermanas. Ella es una niña de unos nueve o diez años, de ojos negros redondos, geométricos y fascinantes, que se encuentra en el proceso de iniciación a la vida después de haber perdido primero a su madre, víctima de una penosa enfermedad y luego a su padre, quien muere en el antiguo lecho matrimonial mientras estaba con una de sus amantes.

Ana recuerda su infancia a la edad de ocho años: aquella noche en que escuchó ruidos y salió de su habitación buscando qué lo originaba. Al bajar las escaleras vio a una mujer que ella conocía, porque era la esposa de un amigo de la familia, saliendo del cuarto de su padre. Se intercambiaron miradas pero no se hablaron. Al entrar en la habitación ve al hombre muerto, posiblemente de un ataque cardíaco. La niña se siente responsable porque piensa que su muerte se debe al bicarbonato de sodio colocado por ella en el vaso de leche que ingirió su padre, creyendo que era un poderoso veneno.

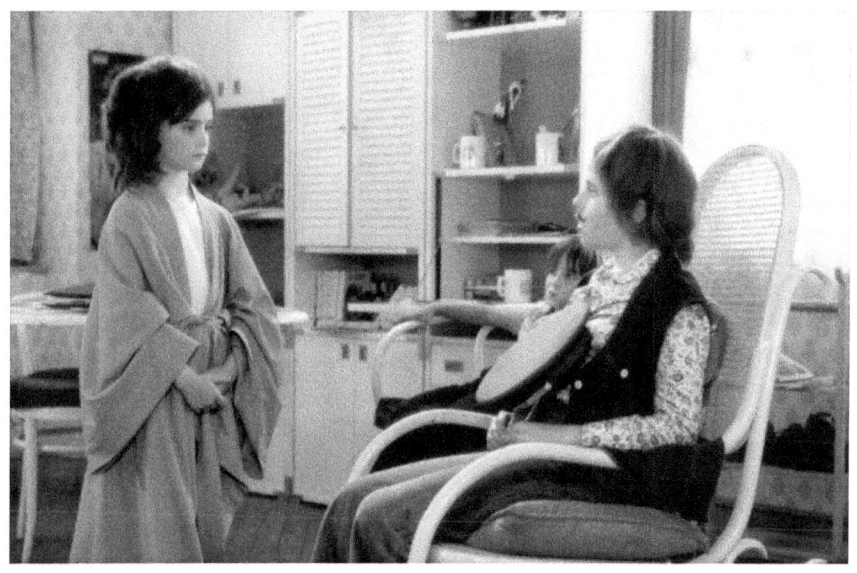

Las tres hermanas en uno de sus juegos infantiles.

Eso la hace creer que tiene poderes especiales como el de invocar la presencia de su madre muerta y también de disponer de un fuerte veneno con el que le puede quitar la vida a cualquiera.

Como si no comprendiera la gravedad de la situación, Ana bota el resto de la leche del vaso, lo lleva a la cocina y lo lava. Allí le parece ver a su madre que la envía a la cama. A partir de aquí la realidad y la fantasía se entrecruzan constantemente.

La extraña muerte del padre es real, pero la aparición de la madre en la cocina es una ilusión de la niña.

Llega a la casa la tía Paulina, hermana de la madre, quien se encargará del cuidado de Ana y de sus dos hermanas. La historia es compartida con otras dos mujeres: Rosa, la dominante criada de la familia y la anciana abuela en silla de ruedas y sorda.

Tiempo después, Ana intenta envenenar a la tía con el mismo polvo. Prepara el vaso con la leche y observa cuando Paulina lo ingiere, pero al día siguiente cuando se preparan para ir al colegio, encuentra a su tía viva y saludable.

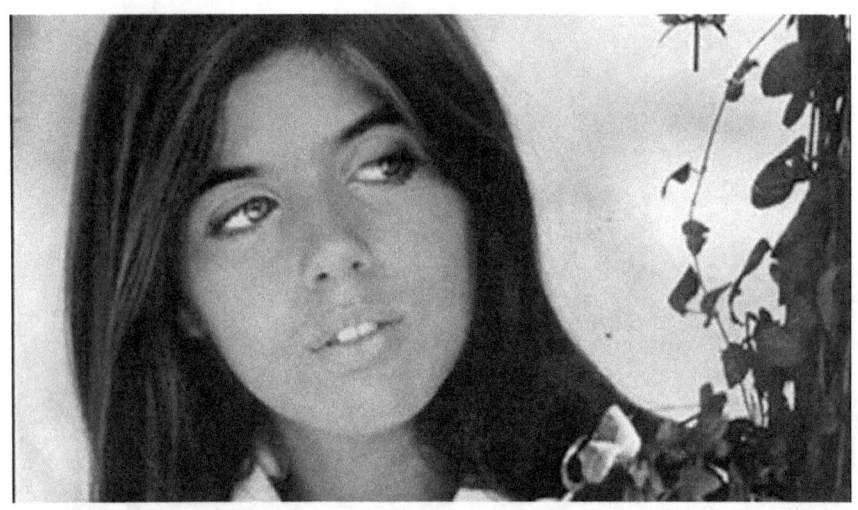

Jeanette, la intérprete de "¿Por qué te vas?".

En la película Geraldine Chaplin tiene un doble rol: Ana adulta y la madre de Ana. Este detalle podría confundir un poco al espectador. En esa época, Geraldine era la musa de Saura con quién estuvo unida profesional y sentimentalmente. Actuó en al menos una decena de sus films. Puede parecer que los padres de las tres niñas, nada menos que Héctor Alterio y Geraldine Chaplin, fueron desaprovechados, quizá porque interpretan personajes muertos o porque el protagonismo de las niñas, sobretodo de Ana Torrent (que venía de deslumbrarnos en *El espíritu de la colmena* (1973), opaca a los demás personajes.

El peculiar personaje de Ana y las maravillosas canciones de la banda sonora son indudablemente muy difíciles de borrar de la memoria. ¡Bravo por Saura!

17. EL PEZ QUE FUMA
Venezuela (1977)

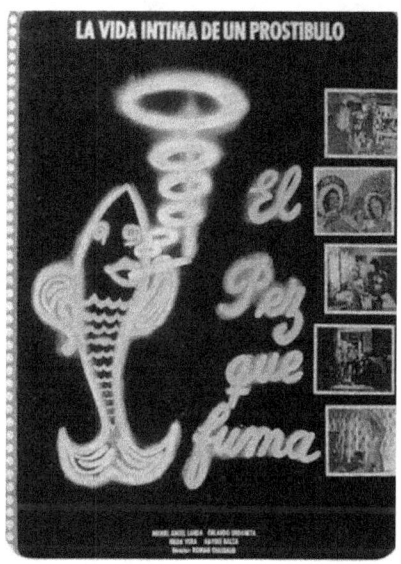

Título original: *El pez que fuma*
Duración: 2 horas
Dirección: Román Chalbaud
Guion: José Ignacio Cabrujas y Román Chalbaud
Otros: color (Eastmancolor)
Género: comedia, drama
Reparto: Hilda Vera ("La Garza"), Orlando Urdaneta (Jairo), Miguel Ángel Landa (Dimas), Haydée Balza (Selva María), Nelly Meruane ("La Argentina"), Ignacio Navarro (Tobías), Rafael Briceño, Mimí Lazo y Arturo Calderón.

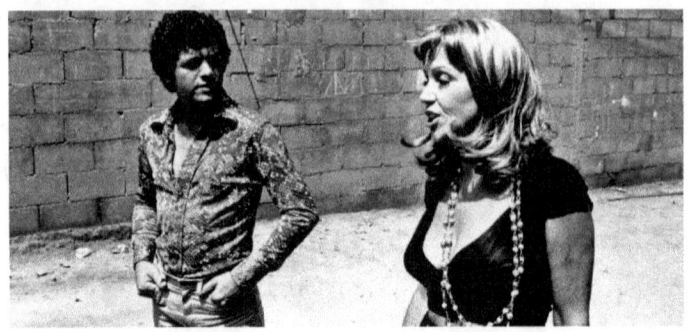

Jairo llega al Pez que fuma y le pide trabajo a La Garza.

Fue la película nacional más exitosa de la década de los setenta. Contó con un gran elenco y con uno de los directores más experimentados del país. Muestra las dos caras de la Venezuela de la época: "La gran Venezuela" que acababa de nacionalizar el petróleo y el hierro, con pleno empleo, enormes obras de infraestructura, con la riqueza al alcance de la mano de sus habitantes y la otra Venezuela, en decadencia, que no supo administrar los enormes recursos que ingresaron repentinamente al país por el aumento del precio del petróleo, y que al final fueron despilfarrados sin preocuparse mucho por el futuro, en donde la corrupción, el licor, las drogas y la prostitución era fuente de vida para muchos.

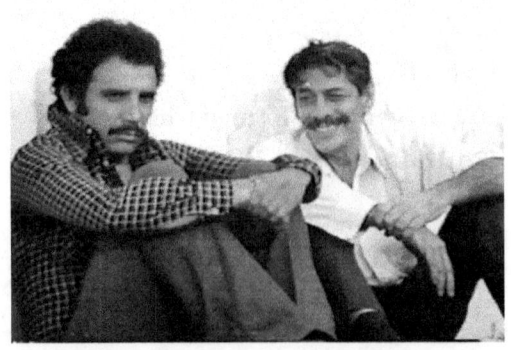

Dimas con Tobías en prisión.

El pez que fuma es un prostíbulo ubicado en el litoral central de Venezuela. Lo regenta La Garza, una prostituta que ha logrado hacer bastante dinero con su negocio. Un día le asigna a su amante, Dimas, la tarea de depositarlo en un banco en Caracas, que queda a unos treinta minutos del prostíbulo.

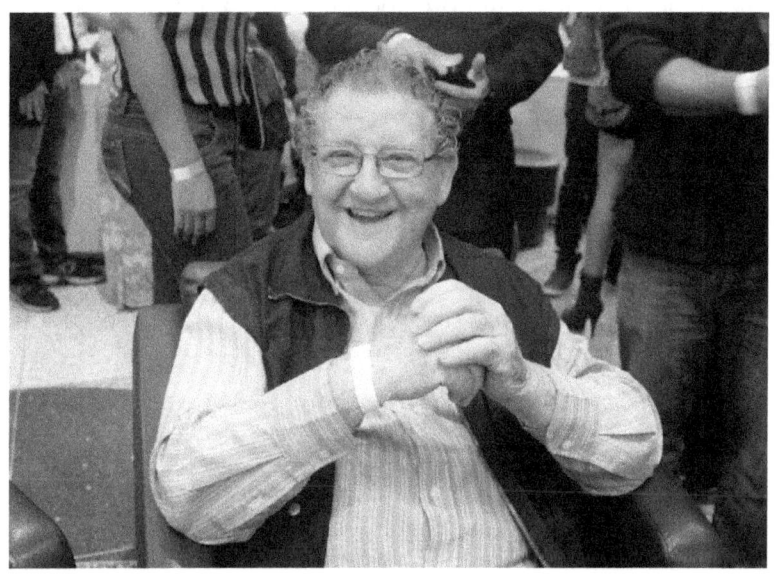

El director del film, Román Chalbaud.

Dimas se gasta el dinero en mujeres y apuestas, además, le chocan el carro unos hombres actuando en nombre de Tobías, presidiario y quien fuera el amante de La Garza hasta que apareció Dimas.

Al mismo tiempo aparece Jairo, un jovencito ex presidiario que entabla amistad con la dueña y con su amante y poco a poco logra sustituir a Dimas convirtiéndose en amante de La Garza y administrador del negocio.

Un periodista le preguntó a Chalbaud sobre la existencia real del lupanar:

—¿El pez que fuma no estaba en La Guaira, como se dice?

—No, existió en Catia y dejó huellas o secuelas; en las inmediaciones de La Guaira sí existía otra mancebía famosa, "La Pedrera", donde rodamos la versión cinematográfica de *El pez que fuma*, hacia 1976 y 1977. Nuestro público tiende a confundir la realidad con el cine, eso hasta es bueno... a veces. Supe, años después, que en Francia hubo o todavía existe un burdel llamado El pez que fuma, en francés, por supuesto.

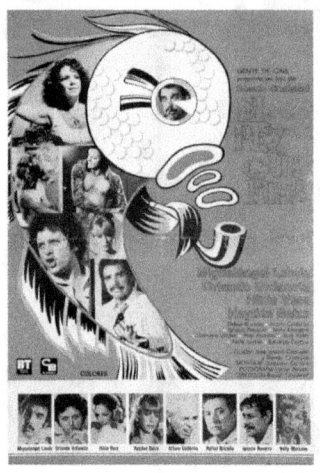

Le poisson qui fume.

El pez que fuma es una historia de poder, en donde Román Chalbaud refleja el oportunismo que existe en Venezuela. Ese oportunismo se encuentra representado en los amantes de La Garza, quienes se pelean por ella, por el negocio y por la vida fácil. La historia no deja de lado los elementos de la ya típica película nacional de la época, como son el barrio, las prostitutas, los desnudos, las groserías y la delincuencia.

Según una encuesta realizada por la Cinemateca Nacional en el año 2009, entre conocedores del cine, *El pez que fuma* quedó en primer lugar, seguida por *Jericó* (1991) y *Macu, la mujer del policía* (1987).

18. LA GUERRA DE LAS GALAXIAS
EE.UU. (1977)

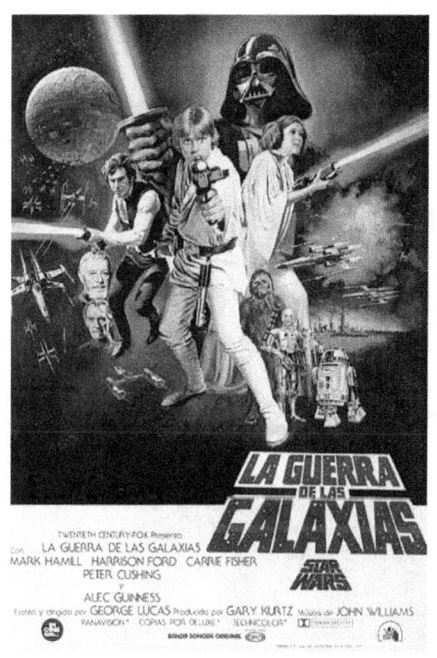

Título original: *Star Wars*

Duración: 2 horas, 1 minuto

Dirección: George Lucas

Guion: George Lucas

Otros: color (Tecnicolor)

Género: acción, aventura, fantasía

Reparto: Harrison Ford (Han Solo), Mark Hamill (Luke Skywalker), Carrie Fisher (Princesa Leia), Peter Cushing (Tarkin), David Prowse (Darth Vader) y Alec Guinness (Obi-Wan Kenobi o Ben Kenobi)

Luego de dirigir dos largometrajes, el primero un relato de ciencia ficción, *THX 1138* (1971), hoy en día casi olvidado, y el segundo, una comedia ligera que obtuvo cierto reconocimiento, *American Graffiti* (1973), George Lucas abordó un proyecto bastante alejado de esas primeras propuestas. Un sueño de una aventura intergaláctica que lo había perseguido desde mucho tiempo y del que ya tenía escrita una primera versión, alimentada por diversas fuentes como: la mitología, el cómic, la literatura fantástica, series de ciencia ficción y el cine.

Al final obtuvo el apoyo de la 20th Century Fox, con un presupuesto de diez millones de dólares produjo su primer film, el cual se convertiría en una exitosa saga compuestas por dos trilogías.

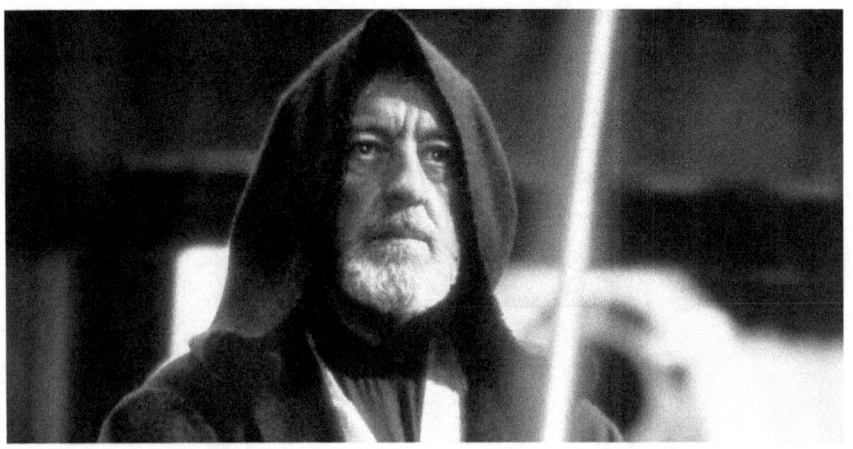

Obi-Wan Kenobi o Ben Kenobi con hábito de monje y espada láser.

La guerra de las galaxias que luego fue retitulada como *La guerra de las galaxias IV: Una nueva esperanza*, para colocarla en la posición que le correspondía dentro de la saga, se convirtió rápidamente en el mayor éxito taquillero de la historia hasta el momento.

La primera trilogía la completan: *La guerra de las galaxias IV: Una nueva esperanza* (1977), *V: El imperio contraataca* (1980) y *VI: El retorno del Jedi* (1983). Posteriormente se estrenó la segunda trilogía (precuela): *I: La amenaza fantasma* (1999), *II: El ataque de los clones*

(2002) y *III: La venganza de los Sith* (2005). Recientemente, fue lanzada la primera película de la tercera trilogía de dicha saga: *VII: El despertar de la fuerza* (2015).

En octubre de 2012 la compañía Walt Disney adquirió Lucasfilm, (la productora de Star Wars), y anunció una nueva trilogía cinematográfica, cuya primera película (el episodio VII) lleva el título de *Star Wars: - El despertar de la fuerza* (2015)

Aunque *La guerra de las galaxias* normalmente es catalogada como una saga de ciencia ficción, se acerca a los films de aventuras que utilizan el esquema de la novela de caballería ambientado en un remoto futuro, con una extensa variedad de personajes, logrando una muy entretenida historia de guerra. El mismo Lucas no la cataloga como ciencia ficción sino como una opereta espacial.

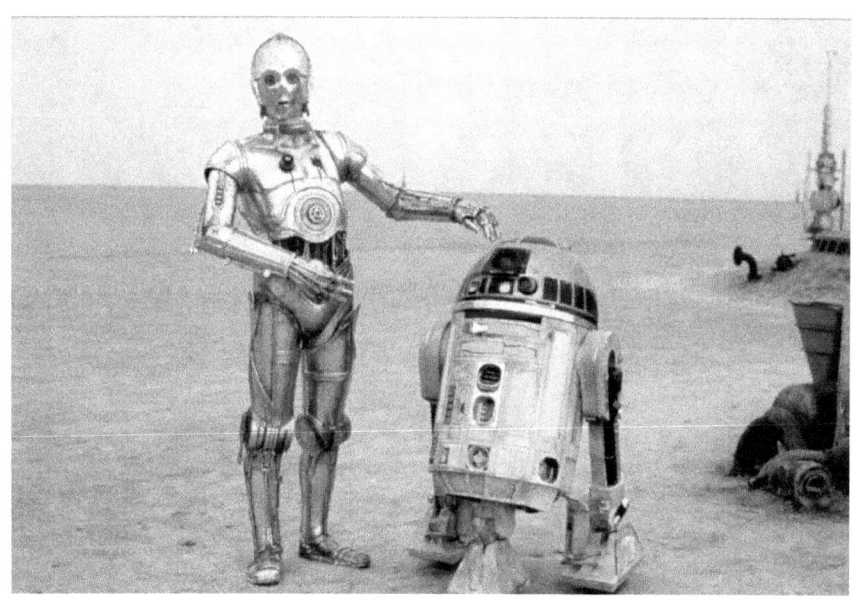

C-3PO y R2-D2.

Hace mucho tiempo en una galaxia muy, muy lejana....
Es un periodo de guerra civil. Las naves espaciales rebeldes, que
atacan desde una base oculta, han ganado su primera victoria contra el
malvado imperio galáctico. Durante la batalla, espías rebeldes

consiguieron robar los planos secretos del arma más reciente del imperio, la Estrella de la Muerte, una estación espacial blindada con el poder suficiente para destruir un planeta entero. Perseguida por siniestros agentes del imperio, la Princesa Leia se dispone a regresar a su hogar a bordo de su nave, custodiando los planos robados que pueden salvar su pueblo y restablecer la libertad en la galaxia....

Con ese texto comienza la película. Nótese que después de la frase "muy lejana...." siguen cuatro puntos suspensivos cuando lo correcto son tres. Ese fue un error pero decidieron dejarlo y luego lo incluyeron en todas las películas.

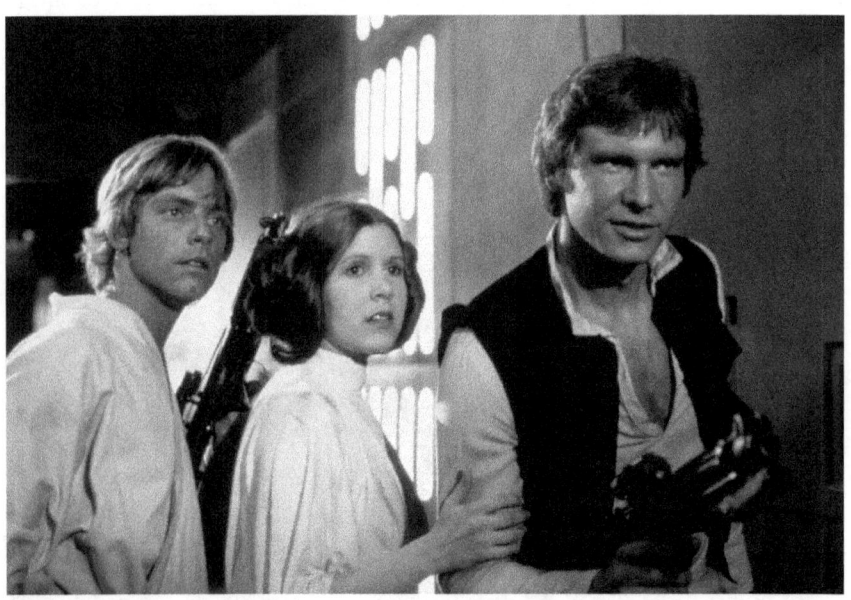

Luke, Leia y Han.

La Princesa Leia, líder del movimiento rebelde que busca reinstaurar la República en la Galaxia, es capturada por las malévolas Fuerzas Imperiales, dirigida por el implacable Darth Vader, fiel sirviente del emperador. La Alianza Rebelde es la encargada de luchar contra este enemigo, rescatar a la Princesa y destruir la estación espacial Estrella de la muerte para instalar la justicia en la Galaxia.

Estos héroes salvadores son: Luke Skywalker, ayudado por el capitán de la nave espacial "El Halcón Milenario". Han Solo, y los androides R2-D2 y C-3PO, que no parecen de mucha ayuda, pero son indispensables en la película.

Hoy en día los efectos especiales que fueron revolucionarios en su momento pueden parecer ingenuos pero hay que recordar que fueron hechos sin ayuda de la computación. El impacto visual fue extraordinario. Creó una nueva manera de dar rienda suelta a la imaginación y a la creatividad. Es sin duda una de las películas que hay que conocer.

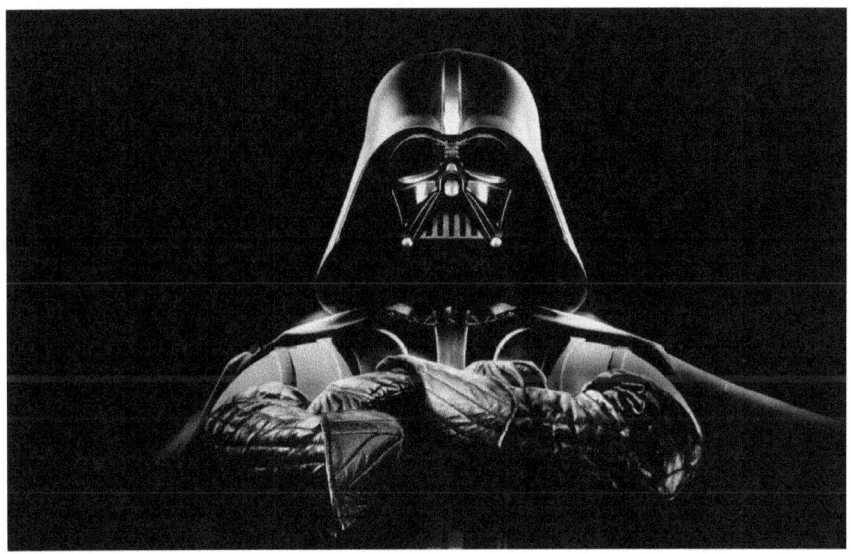

El malvado Darth Vader.

NELSON CORDIDO ROVATI

19. UNA JORNADA PARTICULAR
Italia, Canadá,(1977)

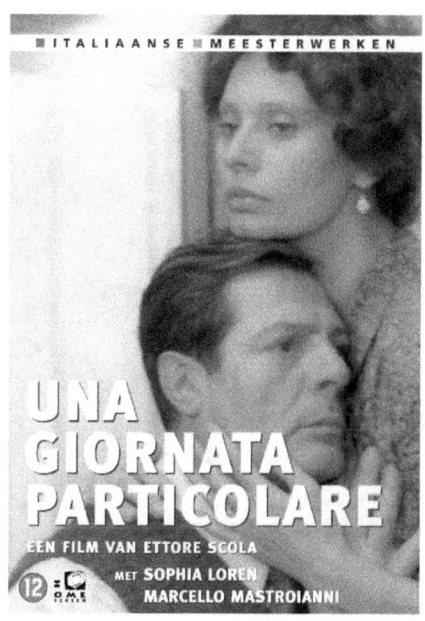

Título original: *Una giornata particolare*
Duración: 1 hora, 50 minutos
Dirección: Ettore Scola
Guion: Mauricio Costanzo y Ruggero Maccari
Otros: B/N
Género: drama
Reparto: Sophia Loren (Antonietta), Marcello Mastroianni (Gabriele), John Vernon (Enmanuele, esposo de Antonietta), Françoise Berd (la conserje) y Alessandra Mussolini (María Luisa, una de las hijas de Antonietta)

La trama de la película ocurre durante un único día. Ese día ocurrió un hecho histórico, la primera visita oficial de l a Italia el 6 de mayo de 1938; un año antes del inicio de la Segunda Guerra Mundial. Uno de los encuentros más nefastos de la historia, con abundantes himnos militares a todo volumen y multitud de banderitas. Roma se prepara para recibir la visita del dictador alemán en una atmósfera festiva, en donde casi todos los ciudadanos se dirigen en masa al desfile en su honor. Y mientras su marido e hijos acuden al acontecimiento, Antonietta, un ama de casa infeliz y oprimida, permanece en su edificio casi vacío.

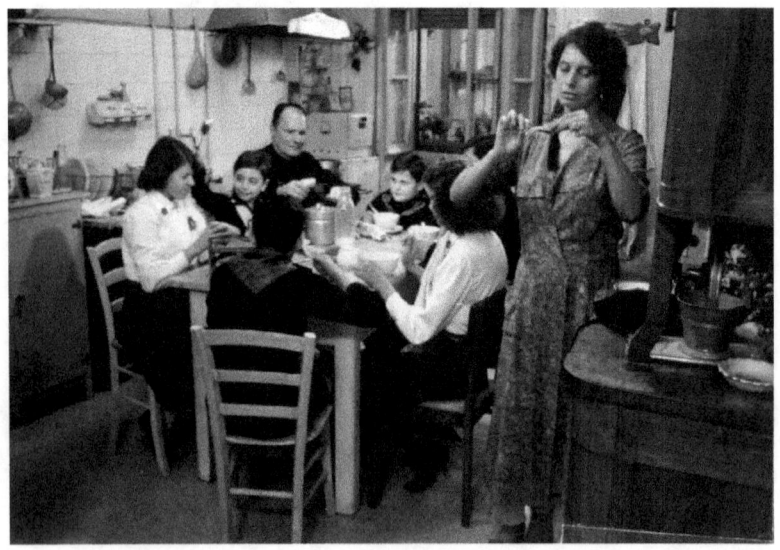

Antonietta atendiendo a su numerosa familia antes de que se marchen al desfile.

El film retrata unos aspectos de la ideología fascista pocas veces tratado en el cine: el inconsciente colectivo y el fanatismo. Contiene múltiples tomas originales del desfile, lo que la convierte en un documento histórico de mucho valor. Lo más admirable de la obra es el tratamiento a la soledad, la humillación, al amor y a la esperanza en los seres humanos inmersos en la rutina diaria y cómo un breve pero intenso encuentro puede cambiar una vida para siempre.

Antonietta está casada con un militar fascista, es madre de seis hijos y habita en un condominio de la clase trabajadora de Roma. El edificio está prácticamente vacío porque todos fueron al desfile, excepto la conserje y Gabriele, un periodista, disidente político, pero educado y sensible que encarna los valores opuestos a los del marido: fanático fascista, autoritario y vulgar.

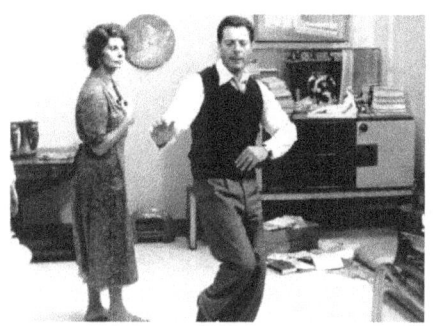

Gabriele le enseña unos pasos de baile a Antonietta.

Antonietta conoce a Gabriele en un encuentro casual cuando va a buscar su loro que se escapó y está cerca de la ventana del apartamento de este último. Los dos personajes se van conociendo y pocas pero intensas horas bastan para que estas dos existencias completamente opuestas se relacionen afectivamente y rápidamente se transforme en una relación a visos de amor entre ambos.

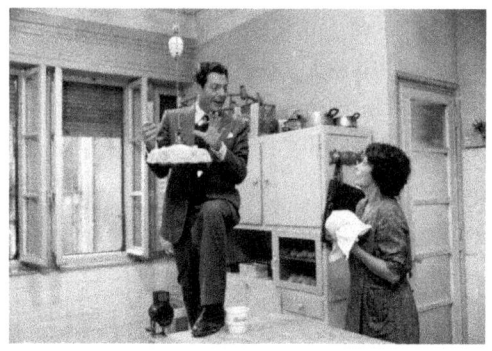

Gabriele repara la lámpara de la cocina.

Las actuaciones de los protagonistas en este film son fundamentales en la carrera de ambos. El papel de Antonietta es uno de los más destacados de Sofía Loren en toda su carrera. Ella se encontraba ya en un periodo de madurez perfecto para su personaje. Por su parte, Marcello Mastroianni se destaca en su papel de Gabriele, en el que rompiendo con su imagen de masculinidad y seductor característica, interpreta a un homosexual, papel que le valió la nominación al Oscar como Mejor actor.

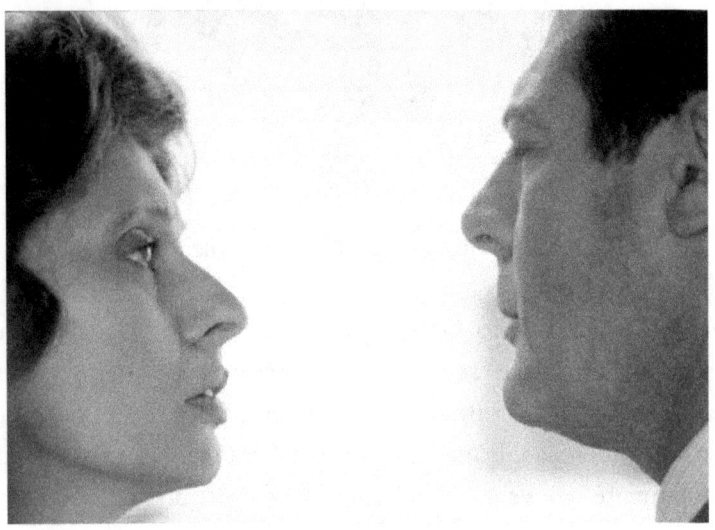

Al final de la jornada Antonietta y Gabriele se sienten atraídos.

Alessandra Mussolini, nieta del Duce y sobrina de Loren, aparece en un rol secundario como una de las hijas de Antonietta. Más tarde Alessandra se convertiría en dirigente del movimiento neofascista italiano.

Una jornada particular es una película conmovedora que mantiene una vigencia universal, a pesar de situarse en un momento de la historia muy concreto.

20. TESTIGO SILENCIOSO
Canadá (1978)

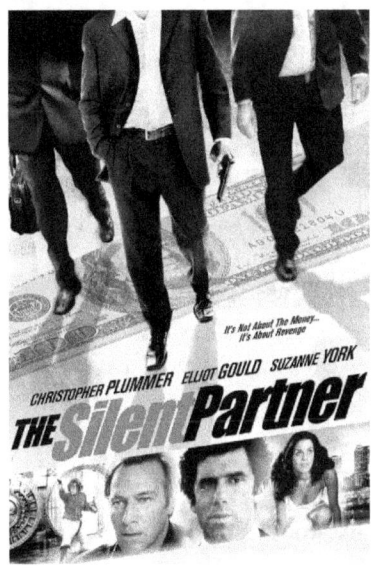

Título original: *The Silent Partner*
Duración: 1 hora, 46 minutos
Dirección: Daryl Duke
Guion: Curtis Hanson. Una adaptación de la novela de Anders Bodelsen
Otros: color
Género: drama, crimen, suspenso
Reparto: Elliott Gould (Miles Cullen), Christopher Plummer (Harry Reikle), Susannah York (Julie Carver), Céline Lomez (Elaine), Michael Kirby (Charles Packard), Sean Sullivan (Frank, guardian del banco), Ken Pogue (Detective Willard) y John Candy (Simonsen)

Esta película tuvo diversos nombres en los países de habla hispana: *Testigo silencioso*, *El estafador*, *El socio del silencio*, y algunos otros. Aunque no puede clasificarse como cine negro, contiene muchos elementos de este. Es un film que esta subvalorado, inclusive un poco olvidado a pesar de su mérito.

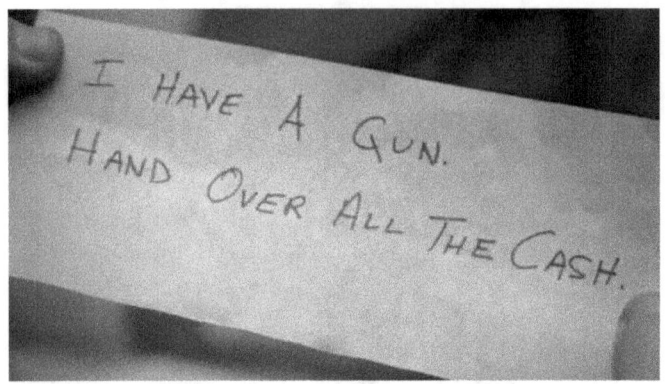

Trozo de papel que se le cayó al santa Claus el día del robo frustrado.

Se trata de un verdadero duelo entre el personaje de Elliott Gould, en el que un hombre normal puede llegar a ser mucho más perspicaz que un criminal sin sentimientos, interpretado por Christopher Plummer.

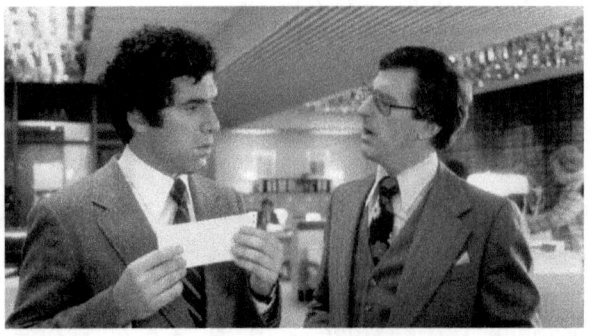

Miles no le muestra el papel encontrado a nadie.

El argumento es muy interesante: La historia se desenvuelve en Navidad. Miles Cullen es un tímido cajero de un banco de Toronto ubicado en un centro comercial. Su estilo de vida es algo rutinaria y aburrida, su única afición es coleccionar peces de acuario. Ni siquiera logra que su compañera de trabajo Julie, hacia la que se siente atraído, le haga caso. Pero un día su vida cambiará totalmente al descubrir que el banco va a ser atracado por un hombre disfrazado de Santa Claus, quien lo había intentado una vez pero había sido frustrado por un niño que le pedía regalos a Santa. Miles engaña al asaltante y a las autoridades quedándose con la mayor parte del dinero supuestamente robado por el malhechor. Al darse cuenta del engaño, el maleante enfrenta al cajero para recuperar el dinero.

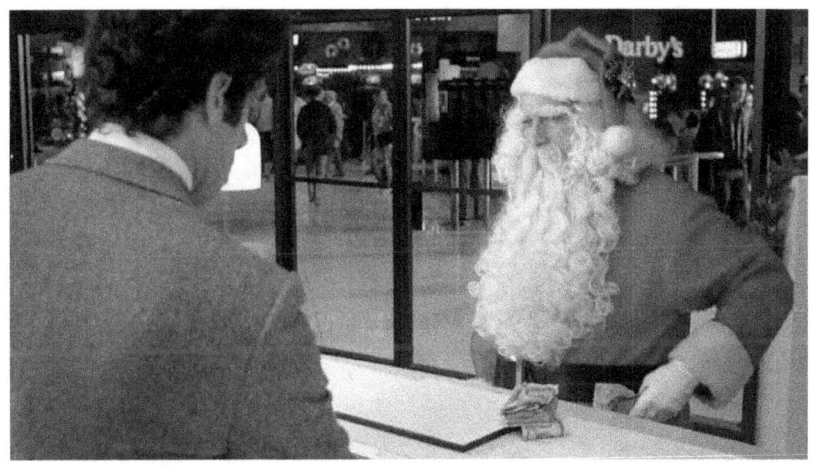

El momento del asalto.

Uno de los aspectos interesante del film es el conflicto de un hombre normal y corriente que se involucra en un crimen cuyas consecuencias se le escapan de las manos.

Las actuaciones de Gould y sobre todo la de Plummer son destacadas. La agresividad del perverso y oscuro Harry Reiki lo convierten en un personaje muy interesante que logra despertar el "odio" de espectador.

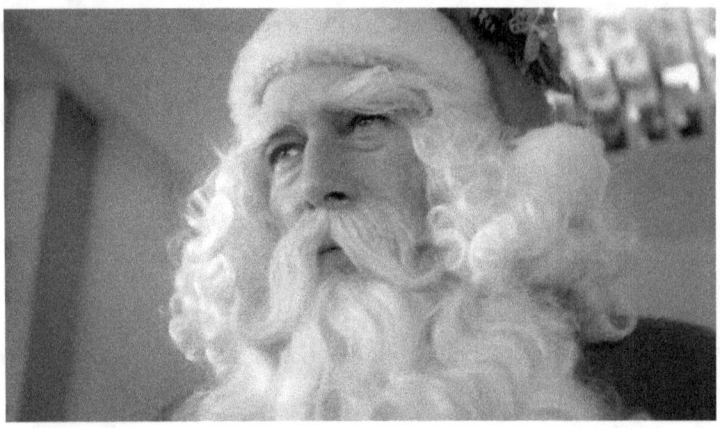

El ladrón al escuchar por TV la cantidad robada se da cuenta de que el cajero lo engañó y no le entregó todo el dinero.

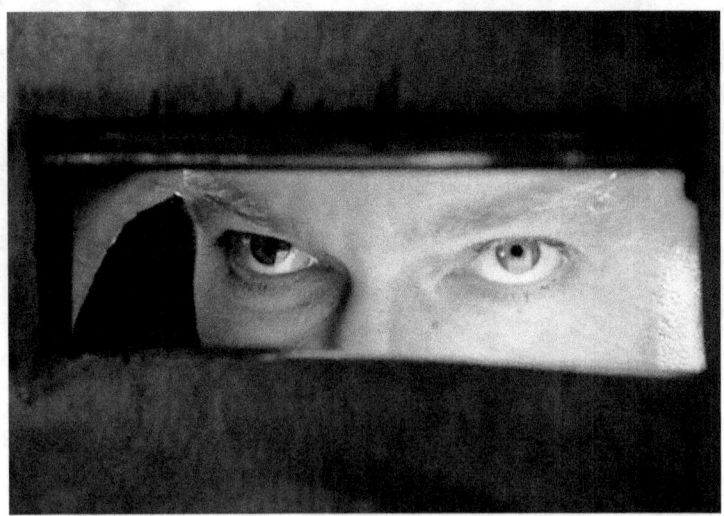

La penetrante mirada del sicópata que persigue a Miles en busca de su dinero.

En conclusión, es una película recomendable, llena de suspenso y situaciones inesperadas que mantiene constante el interés del espectador hasta el final.

21. ALIEN, EL OCTAVO PASAJERO
Inglaterra, EE.UU. (1979)

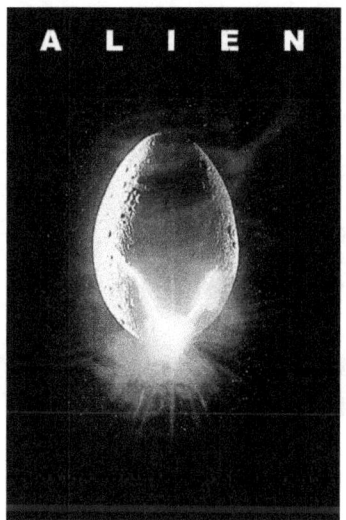

Título original: *Alien*
Duración: 1 hora, 57 minutos
Dirección: Ridley Scott
Guion: Ronal Shusett (historia), Dan O´Bannon (historia y adaptación)
Otros: color (Eastman Kodak)
Género: terror, ciencia ficción
Reparto: Tom Skerritt (Dallas), Sigourney Weaver (Ripley), Veronica Cartwright (Lambert), Harry Dean Stanton (Brett), John Hurt (Kane), Ian Holm (Ash), Yaphet Kotto (Parker), Bolaji Badejo (Alien) y Helen Horton (voz de la Madre)

Alien, el octavo pasajero, es la primera de una saga de cuatro películas de ciencia ficción. Ganó Oscar a Mejores efectos especiales. A pesar de haber transcurrido más de treinta y cinco años desde su lanzamiento, este film no ha envejecido; se mantiene fresco y vigente. Parece filmado en el siglo XXI. Si quisiéramos describirla en cuatro palabras, diríamos: ¡Terror en el espacio!

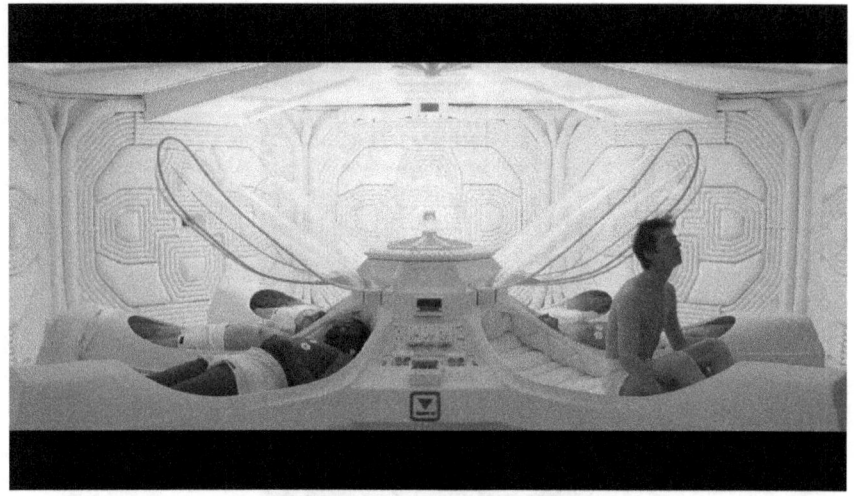

Los astronautas comienzan a despertar del estado de hibernación.

El título del film hace referencia a un ser alienígena que ataca a la tripulación de la nave espacial Nostromo, que viaja desde el planeta Thedus hacia la Tierra con un enorme cargamento de minerales en un remolque. La computadora central de la nave llamada Madre despierta a la tripulación del sueño del estado de hibernación. Ellos esperaban encontrarse cerca de la Tierra, recibir su pago y llegar a casa pero se dan cuenta de que están en otro sistema solar.

Dallas, el capitán, reúne a la tripulación y les aclara que Madre cambió el rumbo de la nave para acudir al lugar en donde se emite una transmisión de origen desconocido cada doce segundos. Las regulaciones exigen a cualquier nave espacial que reciban señales de este tipo que acudan a investigar. La tripulación algo renuente acepta colaborar en la misión.

Finalmente llegan a una luna de un planeta gigante gaseoso desconocido con anillos similares a Saturno. La nave se desacopla del remolque y desciende en esa luna porque de allí proviene la transmisión.

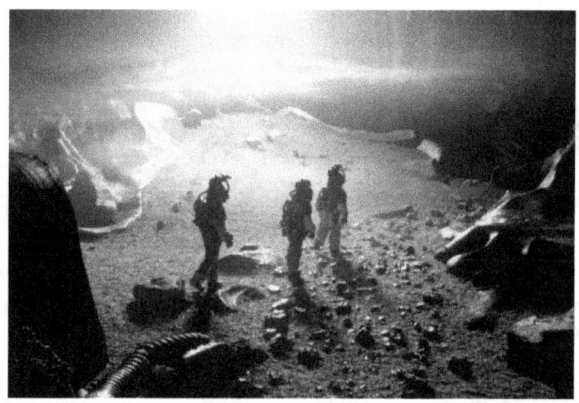

Exploración en el desconocido planeta buscando la causa de la señal que recibieron.

Realizan una exploración y uno de los astronautas es infectado por un alienígena. Durante el viaje de regreso a la Tierra, la criatura que infectó a Kane provoca el nacimiento de otro ser que surge violentamente del vientre del infectado matándolo al instante y comienza la lucha entre los miembros de la tripulación y el alien.

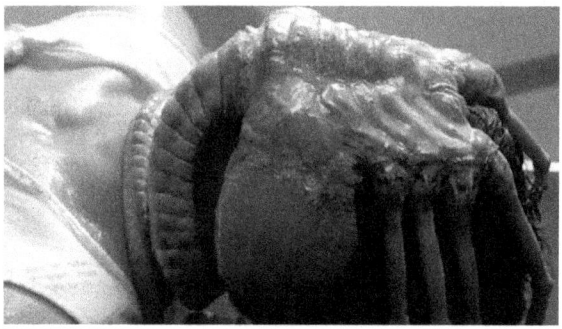

El alien se adhiere a la cara del astronauta.

La protagonista, Sigourney Weaver (primera heroína de una superproducción estadounidense, también protagoniza las tres secuelas), resulta al inicio un personaje antipático, de reacciones masculinas, sin sentido del humor y sin solidaridad hacia sus compañeros; es la única sobreviviente gracias a su inteligencia.

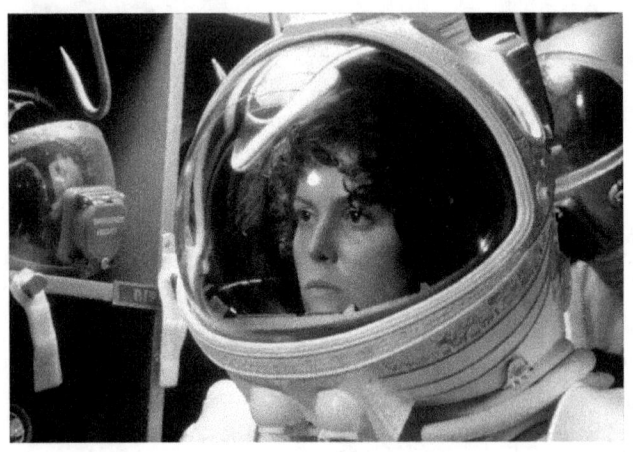

Ripley, el único sobreviviente.

La secuencia en la que "nace" el alien fue rodada sin advertir a los actores de lo que iba a ocurrir para conseguir una interpretación de repulsión absolutamente espontánea. Fíjense en Veronica Cartwright, su rostro es de verdadera repugnancia.

Las tres secuelas no alcanzan a la primera: *El regreso* (James Cameron, 1986), *Alien 3* (David Fincher, 1992), *Alien: Resurrección* (Jean-Pierre Jeunet, 1997).

No importa el número de veces que veamos el film, Scott logra una enorme sensación de tensión y amenaza, gracias a una adecuada combinación de planos, el movimiento de la cámara y los contraplanos para componer un ambiente agobiante y desasosegador.

22. STALKER
Rusia (1979)

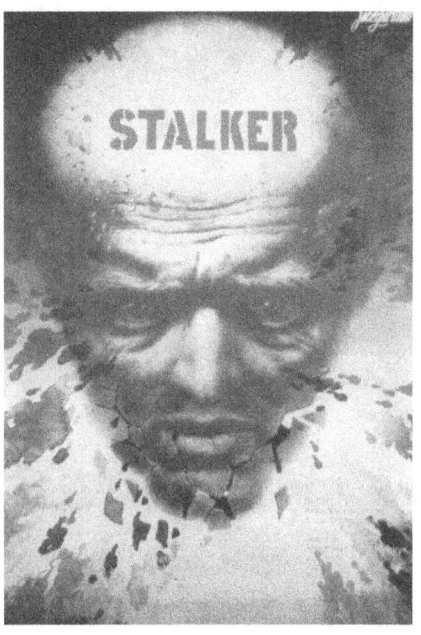

Título original: *Сталкер*
Duración: 2 horas, 43 minutos
Dirección: Andrei Tarkovski
Guion: Arkady Strugatsky y Boris Strugatsky
Otros: color (Sovcolor) | B/N
Género: drama, ciencia ficción
Reparto: Alisa Freindlich (Zhena Stalkera, la esposa de Stalker), Aleksandr Kaydanovskiy (Stalker), Anatoliy Solonitsyn (el escritor) y Nikolay Grinko (el profesor)

Esta película de ciencia ficción está basada en la novela corta *Picnic al borde del camino*, de los hermanos Strugatskiy. Aunque el film se aleja bastante de la novela. El director trabajó también en el guion aunque no aparece en los créditos. En algunos países como México y Argentina la película se conoció como *La Zona*.

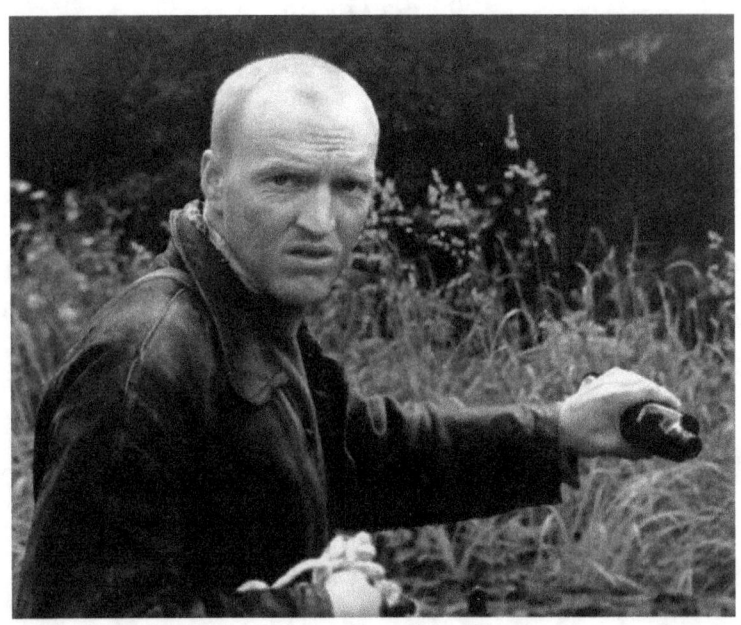

Stalker (el guía).

Tarkovski utiliza la ciencia ficción como un pretexto para abordar las intimidades de la naturaleza humana mediante planteamiento de conflictos morales complejos.

Tres hombres viajan a un lugar postapocalíptico prohibido llamado La Zona en donde hace un tiempo cayó un meteorito. Buscan una habitación que según un generalizado rumor, tiene la propiedad de cumplir los deseos de las personas. El escritor busca la inspiración que ha perdido y lo que intenta encontrar el profesor solo se conoce al final.

Stalker es el guía de los otros dos hombres. En el viaje abundan las reflexiones, diálogos filosóficos y hasta poemas.

La Zona ha sido evacuada y cerrada. Se encuentra resguardada por un estricto cerco militar. Ninguno de los que han logrado ir a ese lugar, excepto los stalkers, ha regresado.

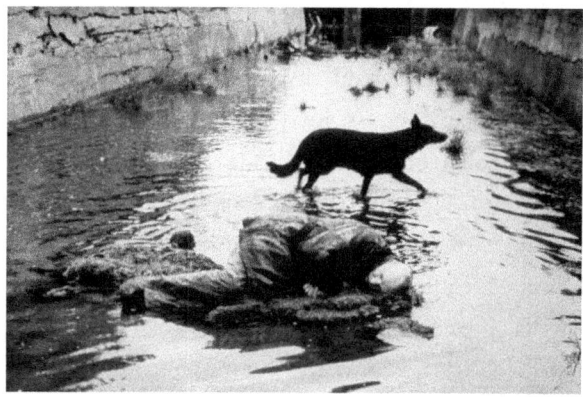

En La Zona.

Los stakers suelen llevar gente a La Zona, usualmente desesperada que busca felicidad, previo pago por el servicio. ¿Por qué la gente desea ir a ese lugar arriesgándose a morir en manos de los militares que la custodian o quizás morir en la misma zona?

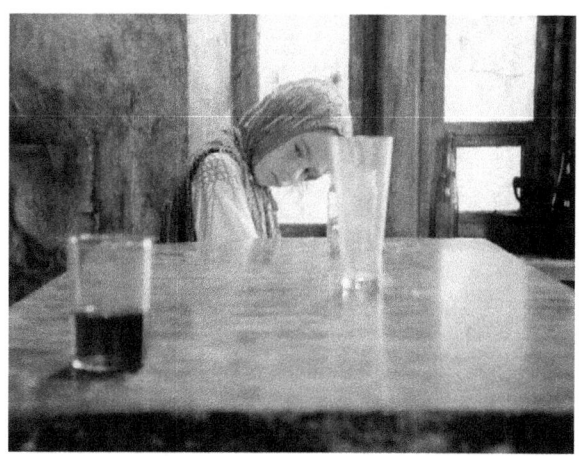

En la escena final, la hija del stalker utilizando sus poderes.

Tarkovski juega con el color de manera interesante. Desde el comienzo del film hasta que llegan a La Zona está casi toda en sepia, lo que convierte al sitio en un lugar lúgubre y penoso. Luego en La Zona está casi toda en color.

Durante la película se leen dos poemas del padre de Tarkovski: Arseni Tarkovski. También se leen fragmentos del Evangelio según San Lucas y algunos otros versos.

Como es costumbre del director, en algunos momentos claves del film, introduce fragmentos de piezas clásicas conocidas como el bolero de Ravel al terminar la expedición y el desencanto se apodera de los tres y la Novena Sinfonía de Beethoven (el Himno de la Alegría) al final de la película, el momento revelador.

23. MANHATTAN
EE.UU. (1979)

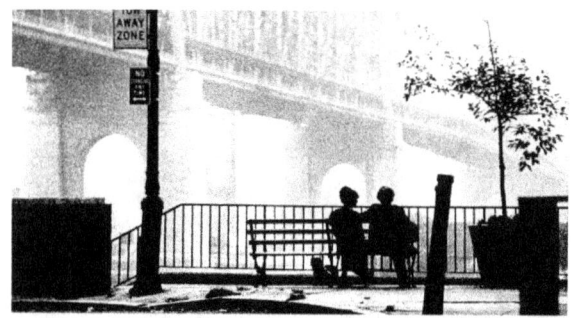

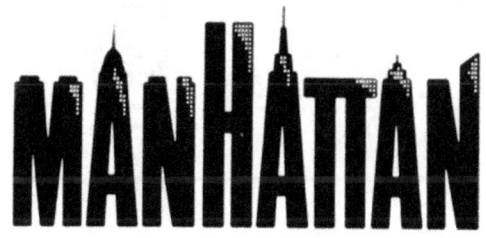

Título original: *Manhattan*
Duración: 1 hora, 36 minutos
Dirección: Woody Allen
Guion: Woody Allen y Marshall Brickman
Otros: B/N
Género: comedia, drama, romance
Reparto: Woody Allen (Isaac Davis), Diane Keaton (Mary), Michael Murphy (Yale), Mareil Hemigway (Tracy), Meryl Streep (Jill), Anne Byrne Hoffman (Emily), Karen Ludwing (Connie), Michael O´Donoghue (Dennis) y Wallace Shawn (Jeremiah)

"Creo que la gente debería emparejarse para siempre, como las palomas o los católicos".

Manhattan es una de las obras más importante de Woody Allen. Una película romántica en blanco y negro que se inicia con un espectacular montaje fotográfico de Manhattan acompañadas musicalmente de "Rapsodia en azul" del neoyorquino George Gershwin. Tuvo dos nominaciones al Oscar.

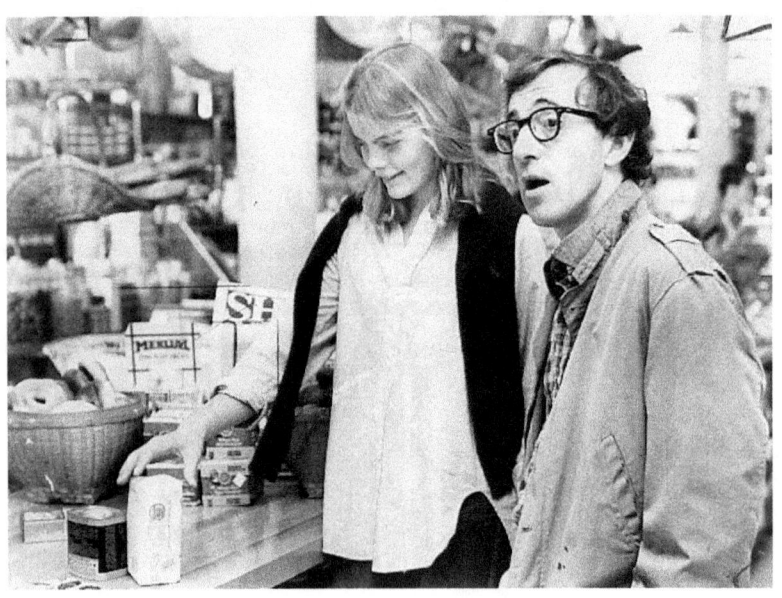

Issac con Tracy, su pareja adolescente.

Isaac Davis es presentado como un enamorado de la ciudad. Tiene cuarenta y dos años, es guionista de comedias en la TV y se ha divorciado dos veces. Actualmente está saliendo con Tracy, una niña de 17 años que aún está estudiando en la secundaria.

Isaac tiene un hijo con su segunda exesposa Jill, quien lo dejó por otra mujer, lo que destrozó su autoestima, sobre todo porque no lo dejó por otro hombre.

Jill y su pareja están educando al niño. Isaac está preocupado por la influencia que un matrimonio lesbiano pueda tener en el niño. Su relación con Jill es terrible. Ella solo tiene reproches (que no parecen descabellados) con él y le desprecia hasta tal punto que está escribiendo un libro en el que relata todas las intimidades y manías de su antiguo esposo. Isaac ha tratado desesperadamente que desista de publicar tan comprometedor libro sin ningún éxito y cada vez que lo intenta terminan peleando.

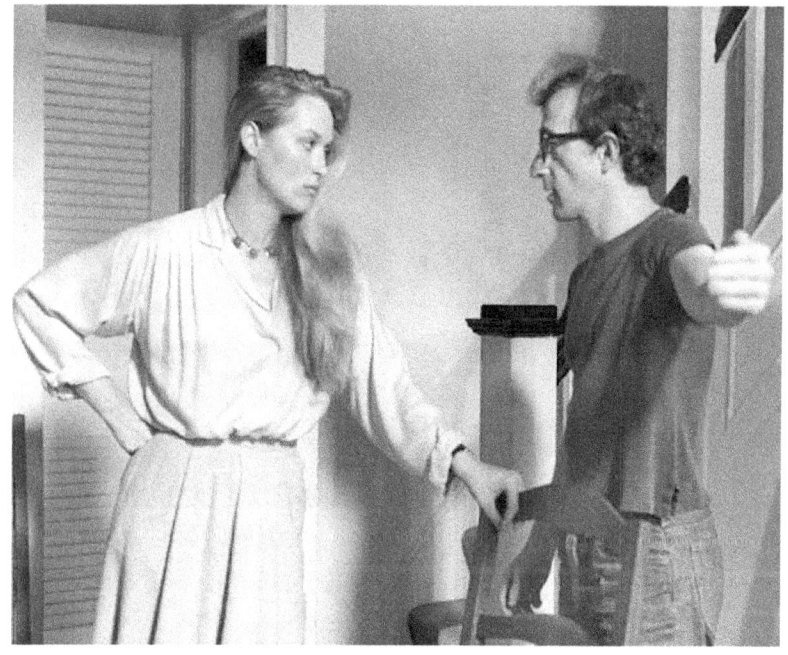

La relación de Issac con su segunda exesposa es terrible.

Su mejor amigo, Yale, le confiesa que está pasando por una situación que le preocupa mucho. Tiene una amante que parece amenazar su matrimonio.

Bajo este complejo panorama, Woody Allen desarrolla una sarcástica mirada sobre las relaciones sentimentales de la clase seudointelectual neoyorquina y como siempre hace un tributo a la ciudad, concretamente a Manhattan (Woody Allen es uno de los pocos directores que siempre muestra en sus films el lado hermoso de Nueva York).

Irónicamente sus personajes supuestamente intelectuales y cultos, van mostrando la falta de madurez emocional. Isaac se refiere constantemente a Tracy como que "es una chiquilla...", "es muy joven...", y realmente es el único personaje en la película que mantiene una cierta madurez en sus actitudes, al contrario de las personalidades expertas y cultivadas que la rodean.

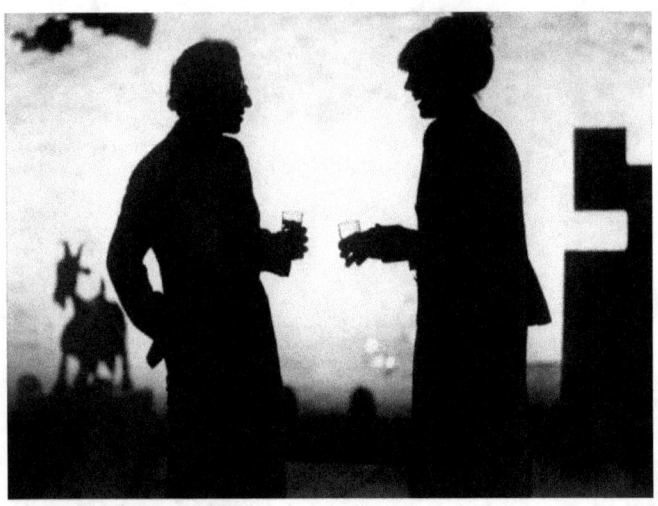

Issac en el museo con Jill, la amante de su mejor amigo, con la que luego tendrá una breve relación sentimental.

Los diálogos son ingeniosos y excepcionales con abundantes referencias culturales o reflexiones profundas; por ejemplo cuando le dice a su amante niña: "Esta bien que disfrutes conmigo, con mi extraordinario humor ácido y mi sorprendente técnica sexual. Pero no olvides que todavía tienes toda la vida por delante".

El film tiene muchos elementos autobiográficos: Woody Allen se había divorciado dos veces cuando rodó la película, salió con una jovencita mientras ella aún iba a la secundaria y en la vida real tuvo breves idilios con Diane Keaton y Mariel Hemingway.

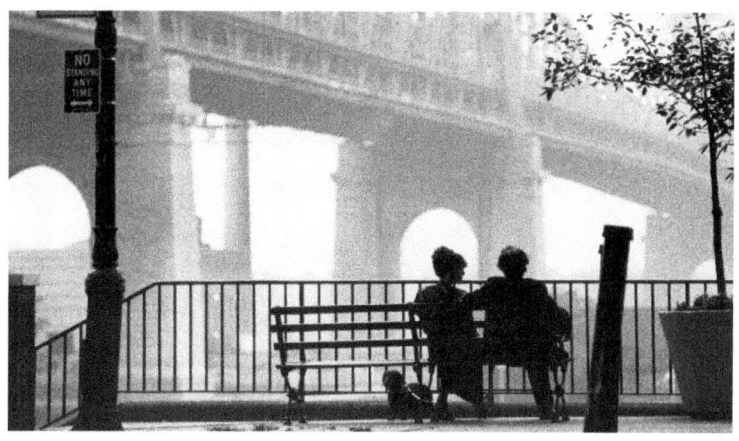

La famosa escena en la que Isaac y Jill amanecen a orillas del East River.

Manhattan es un precioso homenaje de Woody Allen a Nueva York. A lo largo del film vemos sitios característicos de la ciudad como Central Park, el MOMA (Museo de Arte Moderno), el museo Guggenheim, el Planetario o el Puente de Brooklyn que contemplan Isaac y Mary mientras amanece. Todo fotografiado en un exquisito blanco y negro por uno de los mejores directores de fotografía estadounidense, Gordon Willis.

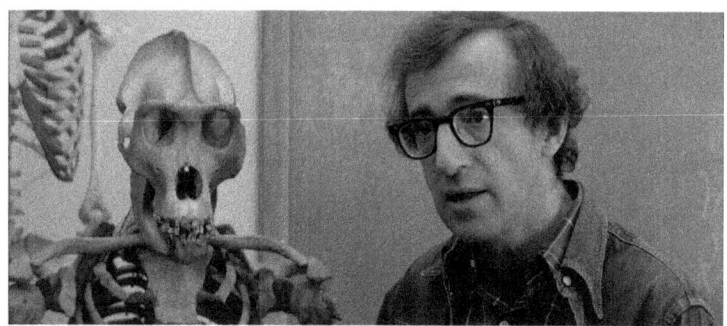

"Algún día seremos como él".

NELSON CORDIDO ROVATI

24. EL MATRIMONIO DE MARIA BRAUN
Alemania (1979)

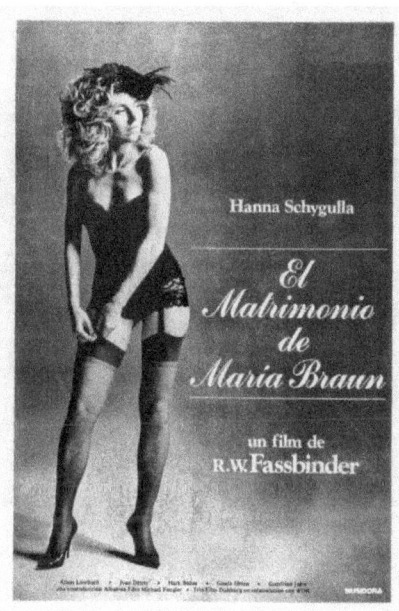

Título original: *Die Ehe der Maria Braun*
Duración: 2 horas
Dirección: Rainer Werner Fassbinder
Guion: Pea Fröhlichy Peter Märthesheimer
Otros: color (Fujicolor)
Género: drama
Reparto: Hanna Schygulla (Maria Braun), Klaus Löwitsch (Hermann Braun), Ivan Desny (Karl Oswald), Gisela Uhlen (la madre), Elisabeth Trissenaar (Betti Klenze), Gottfried John (Willi Klenze) y Claus Holm (doctor)

Fassbinder nos lleva a través de la Alemania de la Segunda Guerra Mundial, la postguerra y la recuperación económica conocida como "el milagro alemán", todo esto a través de María, la protagonista: una chica fuerte, tenaz ambiciosa e inteligente.

El film se inicia cuando Maria se casa con un soldado alemán en medio de un feroz bombardeo. Es dramática la escena en la calle, tendidos en el suelo para protegerse y forzando al notario para que firme el acta de matrimonio. Al día siguiente su esposo es enviado al frente. De esa manera la chica es alejada de su amor y pierde todo contacto con él.

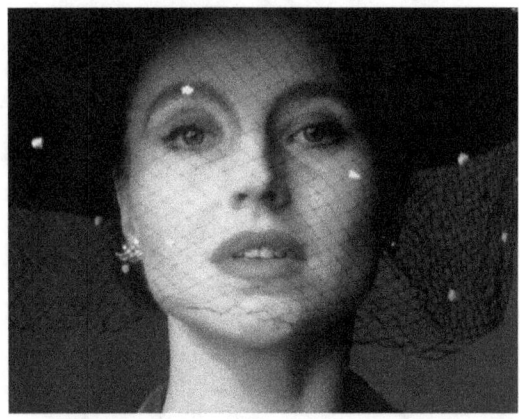

Maria Braun.

A partir de ese momento la vida de Maria transcurre entre la estación de los trenes que traen a los soldados enfermos, tratando de obtener alguna información acerca de su marido, y los lugares en donde funciona el mercado negro para obtener algún trozo de pan para medio sobrevivir en medio de las privaciones que sufren.

Un soldado sobreviviente que vuelve del frente le anuncia que su marido probablemente está muerto. Entonces Maria comienza a trabajar como anfitriona en los bares frecuentados por los soldados americanos, no solo para mantenerse a sí misma, sino también para poder mantener a su familia.

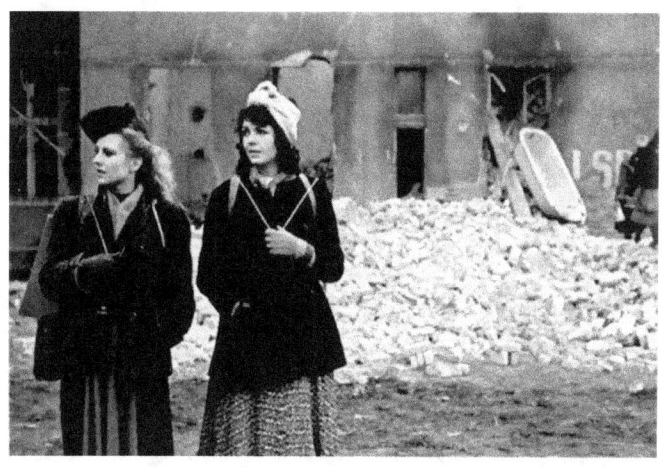

Maria deambula por las calles con un cartel en la espalda en busca del alguien que sepa algo de su esposo.

Se dice que fueron las mujeres quienes levantaron Alemania después de la Segunda Guerra Mundial. Este film muestra a familias totalmente desechas al haber perdido al hombre en el frente, y la mujer debe hacerse cargo de la casa, salir a la calle y empezar a ganarse la vida.

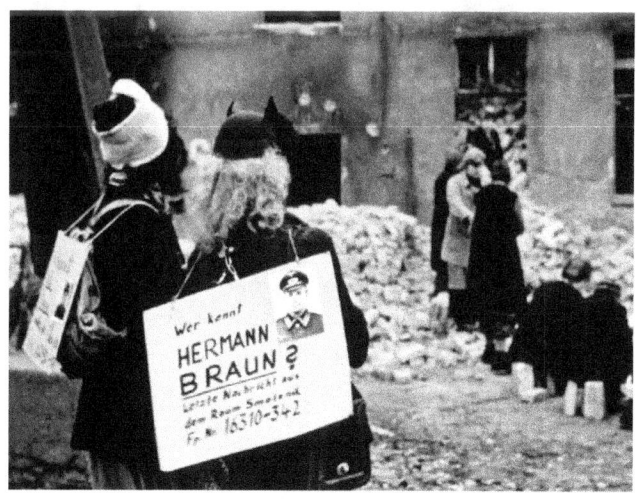

De espalda podemos ver el cartel.

El difícil proceso de la reconstrucción de Alemania parece estar representado en Maria. Así como el país va saliendo de las ruinas, ella también lo hace. Vemos la transformación de una simple chica inocente a toda una mujer madura y astuta del mundo de los negocios (una especie de Scarlet de la película *Lo que el viento se llevó*, del siglo XX) Años después su marido regresa pero es condenado, acusado de la muerte de un sargento americano, amante de su mujer. Mientras, Maria progresa en sus negocios adquiriendo un holgado tren de vida.

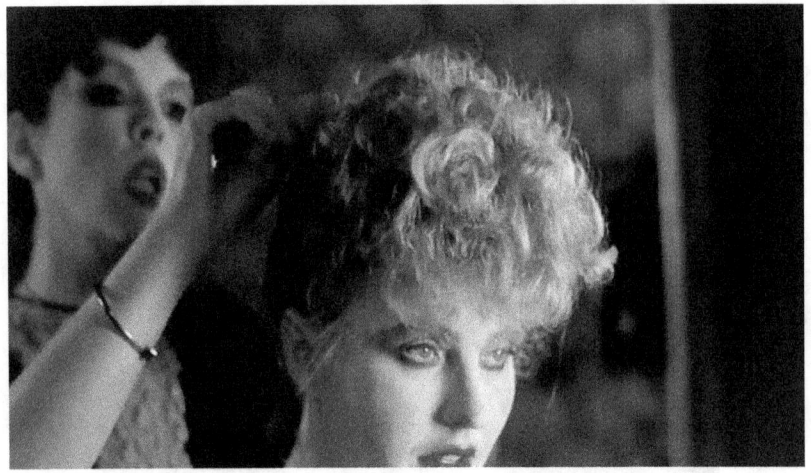

Preparándose para salir en el bar donde trabaja como anfitriona.

La interpretación de Schygulla es muy convincente. Por otra parte, la fotografía, la música que acompaña el desarrollo de la acción, la decoración de los escenarios, la combinación de colores: los vestidos frecuentemente azules de Maria que resaltan sus ojos azules y los fondos casi dorados que realzan el color oro de sus cabellos, confieren a la obra gran calidad, una fuerza expresiva y una capacidad de contagiar emociones pocas veces igualadas.

25. EL TAMBOR DE HOJALATA

Alemania, Francia, Polonia y Yugoslavia (1979)

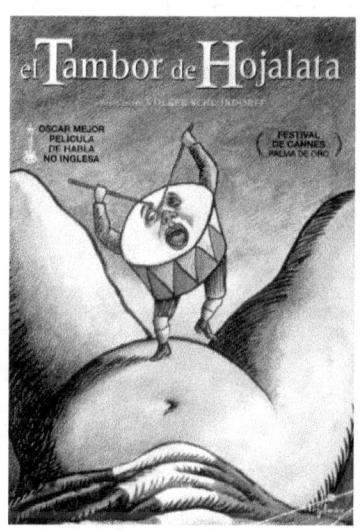

Título original: *Die Blechtrommel*
Duración: 2 horas, 22 minutos
Dirección: Volker Schlöndorff
Guion: Jean-Claude Carrière,Volker Schlöndorff, Franz Seitz, Günter Grass (novela)
Otros: B/N, color (Eastmancolor)
Género: drama, guerra
Reparto: Mario Adorf (Alfred Matzerath), Angela Winkler (Agnes Matzerath), David Bennent (Oskar Matzerath), Katharina Thalbach (Maria Matzerath), Daniel Olbrychski (Jan Bronski), Tina Engel (Anna Koljaiczek, joven), Berta Drews (Anna Koljaiczek), Roland Teubner (Joseph Koljaiczek) y Tadeusz Kunikowski (Onkel Vinzenz)

El tambor de hojalata es uno de los films más representativos delo que se conoce como el nuevo cine alemán; un movimiento que en cierta forma, es la reivindicación del cine alemán después de los acontecimientos monstruoso de la Segunda Guerra Mundial, al igual que las demás artes en el periodo de posguerra.

La trama es muy compleja, tanto en la novela como del film. Por eso el argumento tiene diversas lecturas para las distintas interpretaciones de los espectadores. Contiene sus dosis de drama, tragedia, y toques de humor, aunque más bien humor negro y de sátira. Algunas escenas son intencionalmente absurdas o surrealistas.

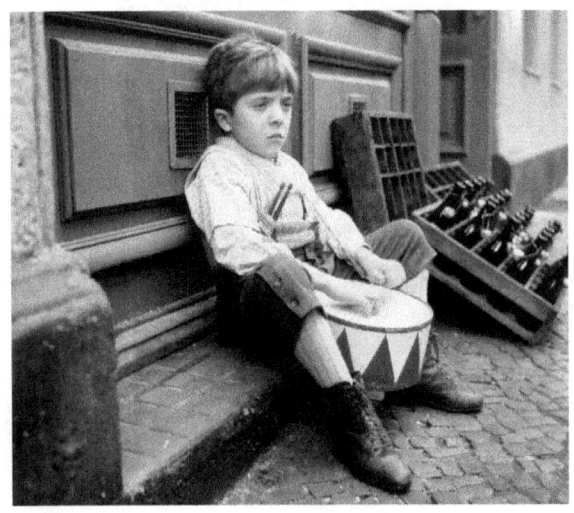

Oskar con el tambor del que no se separa.

El narrador es Oskar, escuchamos su voz contando la historia de su vida desde que está en el útero de la madre (trae recuerdos de *Tristam Shandy* del escritor inglés Laurence Sterne). Su abuela Anna Bronski ayuda a un desconocido que huye de la policía del Segundo Reich Alemán, escondiéndolo debajo de su amplia falda. Así logran despistar a la policía mientras mantienen disimuladamente sexo oral. Luego contraen matrimonio y tienen una hija: Agnes, quien sería la madre de Oskar.

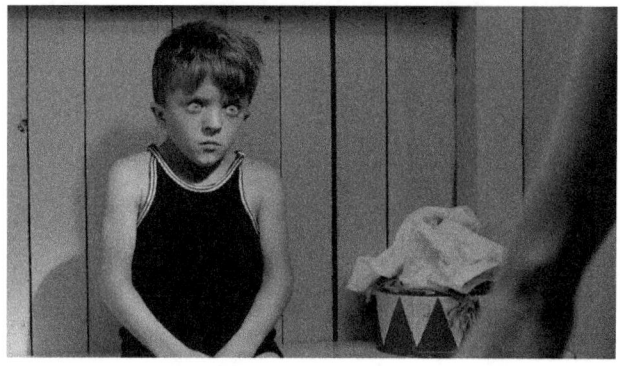

Primer encuentro íntimo con el sexo opuesto.

Previo al estallido de la Segunda Guerra Mundial, Agnes y su familia viven en Danzig (Günter Grass, el autor de la novela vivió en esa ciudad). Agnes es una chica atractiva que tiene una relación sin futuro con su primo Jan, quien le presenta a su mejor amigo y el hombre que sería su esposo, Alfred Matzerath; un corpulento tendero y cocinero de origen alemán. Alfred y Agnes se casan, pero Agnes mantiene su romance con Bronski, por lo que cuando queda embarazada, no se sabe quién es el verdadero padre del niño, el cual nace en 1924 y recibe el nombre de Oskar.

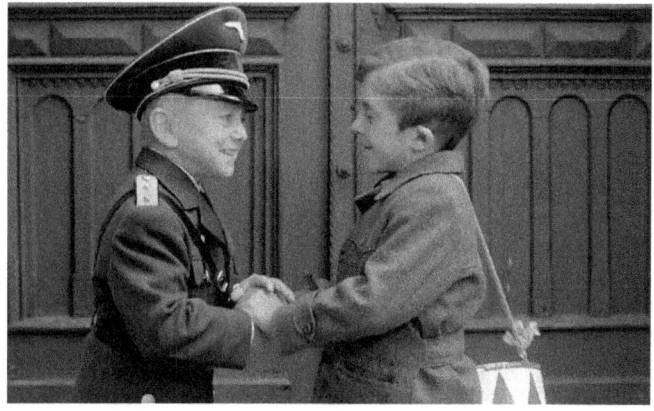

Oskar y su amigo, el enano Bebra.

Al cumplir los tres años la madre le da a Oskar un regalo del que nunca se separaría: un tambor de hojalata. Durante la fiesta de cumpleaños, Oskar se desilusiona del mundo de los adultos al descubrir la infidelidad de su madre con su primo Jan y toma la decisión de no seguir creciendo. Para lograrlo, va a la cava en el sótano que su padre ha dejado accidentalmente abierta y se lanza desde lo alto de las escaleras golpeándose fuertemente la cabeza y atrofiando su proceso de crecimiento.

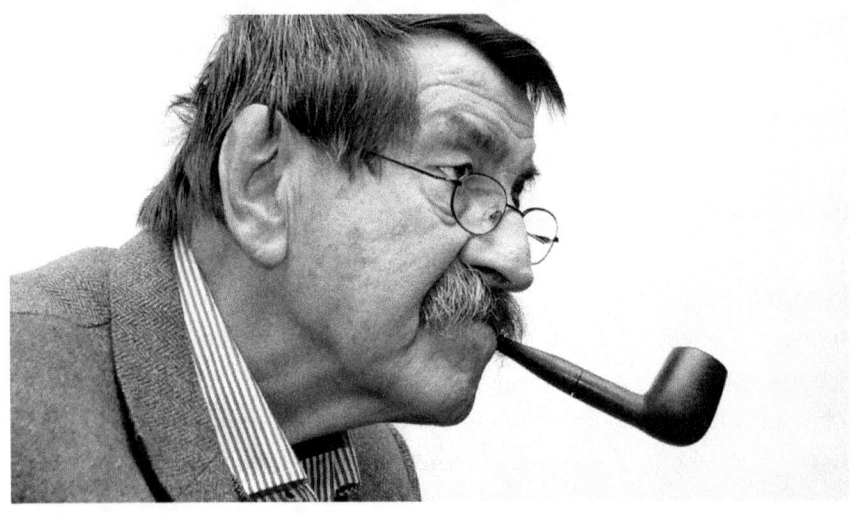

Gunter Grass, autor de la novela homónima en que se basa el film

Ya tienen el fundamento de la historia. No es posible condensar en estas pocas páginas el complejo argumento de la película, por lo que los invito a verla.

A pesar de la apasionante historia del aislamiento de Oskar para no pertenecer al mundo adulto, quizás el gran aporte de *El tambor de hojalata* es que, a través de la historia bizarra que cuenta, intenta dar con algunas claves que podrían tener mucho que ver con la respuesta a la pregunta que, aún hoy, a más de setenta años de distancia, se hacen los alemanes y los que no somos alemanes: ¿por qué pasó lo que pasó? Y eso suponiendo que existan respuestas satisfactorias.

ANEXOS

DISTRIBUCIÓN DE PELÍCULAS POR PAÍS

Desde 1970 hasta 1979

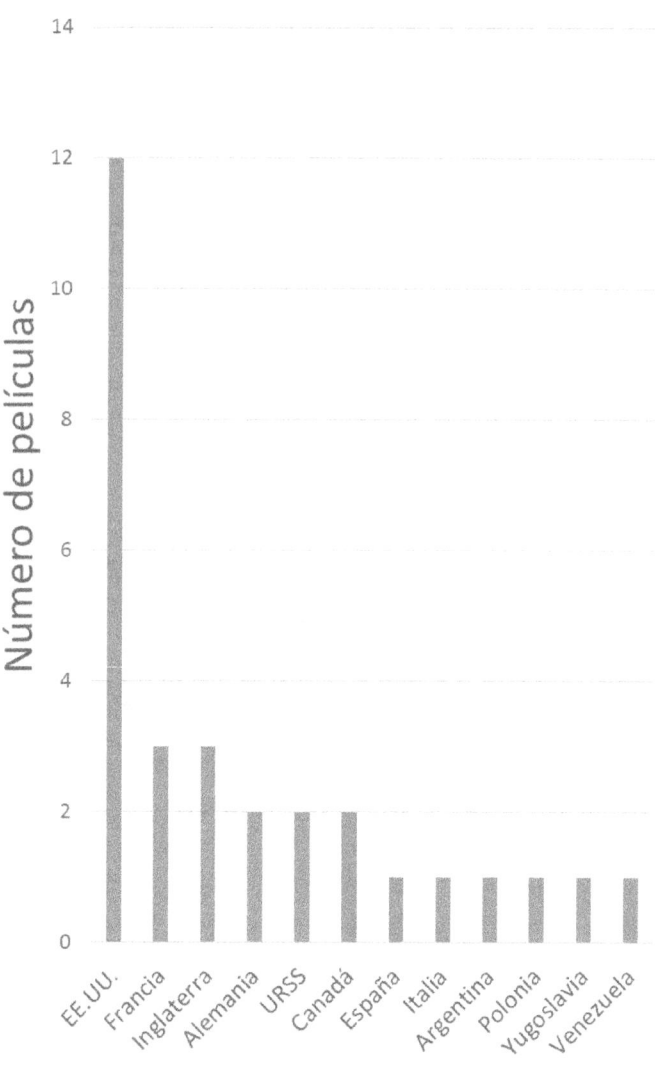

DISTRIBUCIÓN DE PELÍCULAS POR AÑO

Desde 1970 hasta 1979

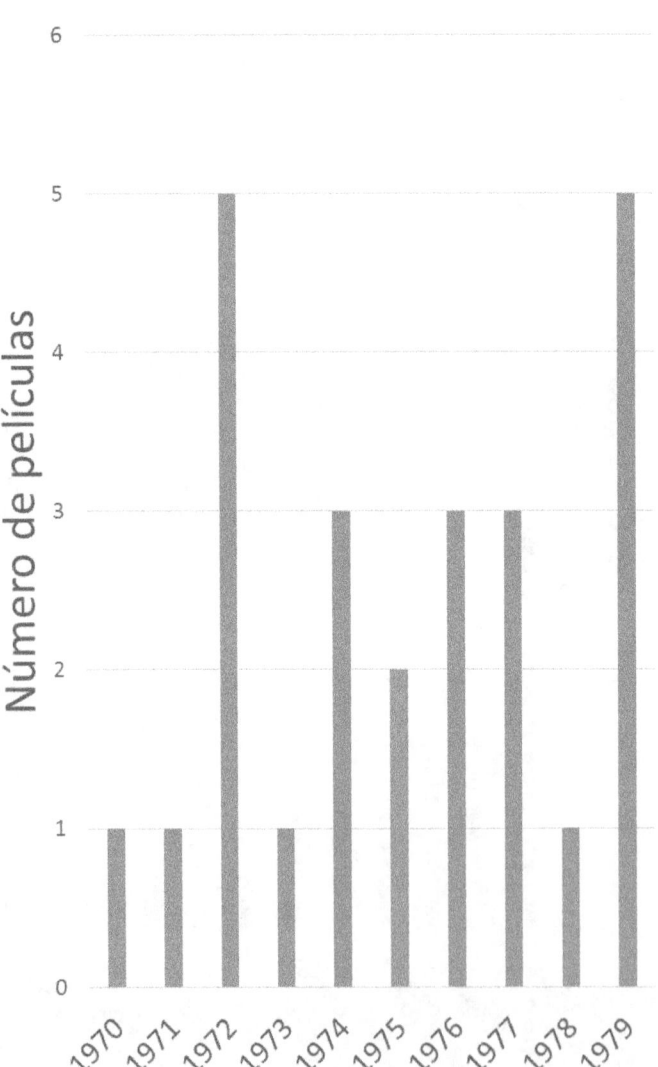

DIRECTORES Y SUS PELÍCULAS

Desde 1970 hasta 1979

David Lean:	*La hija de Ryan* (1970
Stanley Kubrick:	*La naranja mecánica* (1971
Bob Fosse:	*Cabaret* (1972)
Joseph L. Mankiewicz:	*Juego mortal* (1972)
Luis Buñuel:	*El discreto encanto de la burguesía* (1972
Francis Ford Coppola:	*El Padrino* (1972)
	El Padrino II (1974
Andrei Tarkovski	*Solaris* (1972)
	La zona (1979)
George Roy Hill:	*El golpe* (1973
Roman Polanski:	*Chinatown* (1974
	El quimérico inquilino (1976
Sergio Renán:	*La tregua* (1974
Milos Forman	*Atrapado sin salida* (1975
Martin Scorsese:	*Taxi Driver* (1976
Carlos Saura:	*Cría cuervos* (1976)
Román Chalbaud:	*El pez que fuma* (1977)
George Lucas:	*La guerra de las galaxias* (1977
Ettore Scola:	*Una jornada particular* (1977
Daryl Duke:	*Testigo silencioso* (1978)
Ridley Scott:	*Alien* (1979)
Woody Allen:	*Manhattan* (1979
Rainer Werner Fassbinder:	*El matrimonio de Maria Braun* (1979
Volker Schlöndorff:	*El tambor de hojalata* (1979

NELSON CORDIDO ROVATI

LISTA DE LAS PELÍCULAS QUE DEBE CONOCER
(La lista completa en orden cronológico)

Esta lista proviene de una investigación sobre la historia del cine que comenzó en el año 2006 y busca identificar las películas más importantes de cada año a nivel mundial. Es la guía para los talleres de apreciación cinematográfica "Las películas que debe que conocer", y los libros homónimos.

PELÍCULA	AÑO	PAÍS
TOMO I		
1a *La salida de los obreros de la fábrica*	1895	Fra
1b *La llegada del tren a la estación*	1895	Fra
1c *El regador regado*	1895	Fra
2 *Viaje a la Luna*	1902	Fra
3 *Asalto y robo de un tren*	1903	EE.UU.
4 *El nacimiento de una nación*	1915	EE.UU.
5 *El gabinete del doctor Caligari*	1920	Ale
6 *La carreta fantasma*	1921	Sue
7 *El último*	1924	Ale
8 *El acorazado Potemkin*	1925	Rus
9 *Metrópolis*	1927	Ale
10 *Amanecer*	1927	EE.UU.
11 *El cantor de Jazz*	1927	EE.UU.
12 *Un perro Andaluz*	1928	Fra
13 *El vampiro de Düsseldorf*	1931	Ale
14 *Tiempos modernos*	1936	EE.UU.
15 *Lo que el viento se llevó*	1939	EE.UU.
16 *Las uvas de la ira*	1940	EE.UU.
17 *Fantasía*	1940	EE.UU.
18 *Ciudadano Kane*	1941	EE.UU.
19 *El halcón maltés*	1941	EE.UU.
20 *Casablanca*	1942	EE.UU.

21	*Perdición*	1944	EE.UU.
22	*Roma, ciudad abierta*	1945	Ita
23	*Breve encuentro*	1945	Ing
24	*Alma en suplicio*	1945	EE.UU.
25	*Los mejores años de nuestras vidas*	1946	EE.UU.
26	*Qué bello es vivir*	1946	EE.UU.
27	*La soga*	1948	EE.UU.
28	*Ladrón de bicicletas*	1948	Ita
29	*Carta de una desconocida*	1948	Ing
30	*El tercer hombre*	1949	Ing

TOMO II

31	*Eva al desnudo*	1950	EE.UU.
32	*Rashomon*	1950	Jap
33	*El crepúsculo de los dioses*	1950	EE.UU.
34	*Un lugar en el sol*	1951	EE.UU.
35	*Cantando bajo la lluvia*	1952	EE.UU.
36	*Cautivos del mal*	1952	EE.UU.
37	*Juegos prohibidos*	1952	Fra
38	*Cuentos de Tokio*	1953	Jap
39	*Cuentos de la luna pálida*	1953	Jap
40	*Los sobornados*	1953	EE.UU.
41	*Traidor en el infierno*	1953	EE.UU.
42	*La ventana indiscreta*	1954	EE.UU.
43	*Los siete samuráis*	1954	Jap
44	*El motín del Caine*	1954	EE.UU.
45	*La palabra*	1955	Din
46	*Rififí*	1955	Fra
47	*Las diabólicas*	1955	Fra
48	*Fresas salvajes*	1957	Sue
49	*Senderos de gloria*	1957	EE.UU.
50	*Doce hombres sin piedad*	1957	EE.UU.
51	*Las noches de Cabiria*	1957	Ita
52	*Noches blancas*	1957	Ita/Fra

53 *Cuando pasan las cigüeñas*	1957	Rus
54 *Vértigo*	1958	EE.UU.
55 *Ascensor para el cadalso*	1958	Fra
56 *Tiempo de amar, tiempo de morir*	1958	EE.UU.
57 *Rosaura a las diez*	1958	Arg
58 *Cenizas y diamantes*	1958	Pol
59 *Los cuatrocientos golpes*	1959	Fra
60 *Imitación a la vida*	1959	EE.UU.
61 *El mundo de Apu*	1959	Ind
62 *Orfeo negro*	1959	Bra/Fra/Ita
63 *El puente*	1959	Ale
64 *Araya*	1959	Ven

TOMO III

65 *El apartamento*	1960	EE.UU.
66 *Psicosis*	1960	EE.UU.
67 *La evasión*	1960	Fra/Ita
68 *La máquina del tiempo*	1960	EE.UU.
69 *Al final de la escapada*	1960	Fra
70 *El juicio de Núremberg*	1961	EE.UU.
71 Detrás de un vidrio oscuro	1961	Sue
72 *Lolita*	1962	EE.UU./Ing
73 *Lawrence de Arabia*	1962	Ing
74 *Matar a un ruiseñor*	1962	EE.UU.
75 *¿Qué pasó con Baby Jane?*	1962	EE.UU.
76 *El ángel exterminador*	1962	Mex
77 *Jules y Jim*	1962	Fra/Ale
78 *La infancia de Iván*	1962	Rus
79 *8½*	1963	Ita
80 *El verdugo*	1963	Esp/Ita
81 *El ingenuo salvaje*	1963	Ing
82 *Alerta roja*	1964	EE.UU./Ing
83 *Sin retorno*	1964	EE.UU.
84 *Goldfinger*	1964	Ing

85 *Soy Cuba*	1964	Cub/Rus
86 *Deseo de una mañana de verano*	1966	Ing/Ita
87 *Trenes rigurosamente vigilados*	1966	Che
88 *Un hombre y una mujer*	1966	Fra
89 *Plan diabólico*	1966	EE.UU.
90 *El graduado*	1967	EE.UU.
91 *La hora 25*	1967	Fra/Ita/Yug
92 *El silencio de un hombre*	1967	Fra/Ita
93 *Memorias del subdesarrollo*	1968	Cub
94 *El bebé de Rosemary*	1968	EE.UU.
95 *2001: una odisea del espacio*	1968	Ing/EE.UU.
96 *El planeta de los simios*	1968	EE.UU.
97 *Érase una vez en el Oeste*	1968	Ita/EE.UU.
98 *El dependiente*	1969	Arg
99 *La mujer infiel*	1969	Fra/Ita
100 Z	1969	Alg/Fra

TOMO IV

101 *La hija de Ryan*	1970	Ing
102 *La naranja mecánica*	1971	Ing
103 *Cabaret*	1972	EE.UU.
104 *Juego mortal*	1972	Ing
105 *El discreto encanto de la burgesía*	1972	Fra
106 *El Padrino*	1972	EE.UU.
107 *Solaris*	1972	Rus
108 *El golpe*	1973	EE.UU.
109 *El Padrino II*	1974	EE.UU.
110 *Chinatown*	1974	EE.UU.
111 *La tregua*	1974	Arg
112 *Atrapado sin salida*	1975	EE.UU.
113 Tiburón	1975	EE.UU.
114 *Taxi Driver*	1976	EE.UU.
115 *El quimérico inquilino*	1976	Fra
116 *Cría cuervos*	1976	Esp

117	*El pez que fuma*	1977	Ven
118	*La guerra de las galaxias*	1977	EE.UU.
119	*Una jornada particular*	1977	Ita/Can
120	*Testigo silencioso*	1978	Can
121	*Alien*	1979	Ing/EE.UU.
122	*La zona*	1979	Rus
123	*Manhattan*	1979	EE.UU.
124	*El matrimonio de Maria Braun*	1979	Ale
125	*El tambor de hojalata*	1979	Ale/Fra/Pol/Yug

TOMO v

126	*El resplandor*	1980	Ing
127	*Toro salvaje*	1980	EE.UU.
128	*Gente corriente*	1980	EE.UU.
129	*El submarino*	1981	Ale
130	*Pixote, la ley del más débil*	1981	Bra
131	*Blade Runner*	1982	EE.UU.
132	*Fitzcarraldo*	1982	Per/Ale
133	*Paris-Texas*	1984	Ale/Fra/Ing
134	*Érase una vez en América*	1984	Ita/EE.UU.
135	*1984*	1984	Ing
136	*La historia oficial*	1985	Arg
137	*Regreso al futuro I*	1985	EE.UU.
138	*Brazil*	1985	Ing
139	*Doble cuerpo*	1985	EE.UU.
140	*Hannah y sus hermanas*	1986	EE.UU.
141	*Betty Blue*	1986	Fra
142	*Macu, la mujer del policía*	1987	Ven
143	*Cinema Paradiso*	1988	Ita/Fra
144	*Otra mujer*	1988	EE.UU.
145	*No matarás (Decálogo 5)*	1988	Pol
146	*Lluvia negra*	1989	Jap
147	*Delitos y faltas*	1989	EE.UU.

TOMO VI

148 *No mentirás (Decálogo 8)*	1990	Pol
149 *Europa, Europa*	1990	Ale/Fra/Pol
150 *El silencio de los inocentes*	1991	EE.UU.
151 *Delicatessen*	1991	Fra
152 *La linterna roja*	1991	Chin/Hon/Tai
153 *Lunas de hiel*	1992	Fra/Ing
154 *Perfume de mujer*	1992	EE.UU.
155 *Un lugar en el mundo*	1992	Arg/Esp/Uru
156 *La lista de Schindler*	1993	EE.UU.
157 *Pesadilla antes de Navidad*	1993	EE.UU.
158 *Tres colores: Azul*	1993	Pol/Fra/Sui/Ing
159 *En el nombre del Padre*	1993	Irl/Ing
160 *Forrest Gump*	1994	EE.UU.
161 *Cadena perpetua*	1994	EE.UU.
162 *Tiempos violentos*	1994	EE.UU.
163 *El cartero*	1994	Fra/Ita/Bel
164 *Chungking Express*	1994	Hon
165 *El profesional*	1994	Fra
166 *Fresa y chocolate*	1994	Cub/Mex/Esp/EE.UU.
167 *Tres colores: Blanco*	1994	Pol/Fra/Sui
168 *Sospechosos habituales*	1995	EE.UU./Ale
169 *Los siete pecados capitales*	1995	EE.UU.
170 *Pena de muerte*	1995	Ing/EE.UU.
171 *Tesis*	1996	Esp
172 *Trainspotting*	1996	Ing
173 *Fuego*	1996	Can/Ind
174 *Cenizas del paraíso*	1997	Arg
175 *La vida es bella*	1997	Ita
176 *Abre los ojos*	1997	Esp
177 *El abogado del diablo*	1997	EE.UU./Ale
178 *Carretera perdida*	1997	Fra/EE.UU.
179 *Los niños del paraíso*	1997	Ira
180 *1943-1997*	1997	Ita

181 *American History X*	1998	EE.UU.
182 *Rescatando al soldado Ryan*	1998	EE.UU.
183 *Corre, Lola, corre*	1998	Ale
184 *La celebración*	1998	Din/Sue
185 *Belleza americana*	1999	EE.UU.
186 *Matrix*	1999	EE.UU.
187 *El club de la pelea*	1999	EE.UU./Ale
188 *Todo sobre mi madre*	1999	Esp/Fra
189 *Cómo ser John Malkovich*	1999	EE.UU.
190 *Garage Olimpo*	1999	Ita/Arg/Fra

TOMO VII

191 *Amores perros*	2000	Mex
192 *Requiem por un sueño*	2000	EE.UU.
193 *Memento*	2000	EE.UU.
194 *Nueve reinas*	2000	Arg
195 *Deseando amar*	2000	Hon/Fra
196 *El viaje de Chihiro*	2001	Jap
197 *Amelie*	2001	Fra
198 *Mulholland Drive*	2001	Fra/EE.UU.
199 *El experimento*	2001	Ale
200 *El sueño de Valentín*	2002	Arg/Hol/Fra/Ita/Esp
201 *Ciudad de Dios*	2002	Bra/Fra/EE.UU.
202 *Hable con ella*	2002	Esp
203 *El pianista*	2002	Fra/Ale/Ing/Pol
204 *Irreversible*	2002	Fra
205 *Chicago*	2002	EE.UU./Ale
206 *Lilya Forever*	2002	Sui/Din
207 *Invasiones bárbaras*	2003	Can/Fra
208 *Dogville*	2003	(*)
209 *Old Boy*	2003	Sko
210 *Una casa de arena y niebla*	2003	EE.UU.
211 *No sois vos, soy yo*	2004	Arg/Esp/Fra
212 *Machuca*	2004	Chil/Esp/Ing/Fra

213 *Crash*	2004	EE.UU./Ale
214 *La caída*	2004	Ale/Ita/Austri
215 *Punto y raya*	2004	Ven/Chil/Uru/Esp
216 *Hierro 3*	2004	Sko/Jap
217 *Carta de una mujer desconocida*	2004	Chin
218 *Vera Drake*	2004	Ing/Fra/New
219 *Hermanos*	2004	Din/Ing/Sue/Nor
220 *El maquinista*	2004	Esp

TOMO VIII

221 *Match Point*	2005	Ing/EE.UU./Lux
222 *La rosa blanca*	2005	Ale
223 *Elsa & Fred*	2005	Arg/Esp
224 *El latido de mi corazón*	2005	Fra
225 *Mariposa negra*	2005	Per/Esp
226 *Elipsis*	2006	Ven
227 Infiltrados	2006	EE.UU
228 *El laberinto del Fauno*	2006	Mex/Esp/EE.UU.
229 *La vida de los otros*	2006	Ale
230 *Casino Royale*	2006	EE.UU./Ing/Ale/Che
231 *Babel*	2006	Fra/EE.UU./Mex
232 *El libro negro*	2006	Hol/Ale/Bel
233 *La desconocida*	2006	Ita/Fra
234 *No le digas a nadie*	2006	Fra
235 *Después de la boda*	2006	Din/Sue/Ing/Nor
236 *Desapareció una noche*	2007	EE.UU.
237 *Antes que el diablo sepa que has muerto*	2007	EE.UU./Ing
238 *El baño del Papa*	2007	Uru/Bra/Fra
239 *Al otro lado*	2007	Ale/Tur/Ita
240 *Katyn*	2007	Pol
241 *Los falsificadores*	2007	Austri/Ale
242 *Like Stars on Earth*	2007	Ind
243 *Batman: El caballero de la noche*	2008	EE.UU.
244 *Quién quiere ser millonario*	2008	Ing/Fra

245 *El lector*	2008	EE.UU./Ale
246 *Arráncame la vida*	2008	Mex
247 *El secreto de sus ojos*	2009	Arg
248 *La cinta blanca*	2009	Austri/Ale/Fra/Ita
249 *Preciosa*	2009	EE.UU.
250 *Mary and Max*	2009	Austra
251 *Canino*	2009	Gre
252 *Reverso*	2009	Pol
253 *Los hombres que no amaban a las mujeres*	2009	Sui/Din/Ale/Nor
254 *Home, la tierra vista desde el cielo*	2009	Fra

(*) Din/Sui/Fra/Nor/Fin/Ale/EE.UU./Ing/Hol

Abreviaturas

Ale = Alemania

Alg = Algeria

Arg = Argentina

Austra = Australia

Austri = Austria

Bel = Bélgica

Bra = Brasil

Can = Canadá

Che = República Checa

Chil = Chile

Chin = China

Cub = Cuba

Din = Dinamarca

EE.UU = Estados Unidos

Esp = España

Fra = Francia

Gre = Grecia

Hon = Hong Kong

Ind = India

Ita = Italia

Ira = Irán

Irl = Irlanda

Jap = Japón

Mex = México

New = Nueva Zelandia

Nor = Noruega

Per = Perú

Pol = Polonia

Rus = Rusia

Sko = Corea del Sur

Sue = Suecia

Sui = Suiza

Tai = Tailandia

Tur = Turquía

Uru = Uruguay

Ven = Venezuela

Yug = Yugoslavia

Ing = Inglaterra

Índice temático

Bibliografía

- Canby, V. y Maslin, J. (1999). *Best 1000 Movies Ever Made*. The New York Times. NY.
- Castedo, J. (2000). *Las cien mejores películas del siglo XX*. Madrid, España: Jaguar.
- Dixon, W. W. y Foster, G. A. (2008). *Breve historia del cine*. Barcelona, España: Robinbook.
- Ebert, R. (2002). *Las grandes películas*. Barcelona, España: Robinbook.
- Kinn, G. y Piazza, J. (2002). *The Academy Awards: The Complete History of Oscar*. Nueva York, EE.UU.: Black Dog & Leventhal Publishers.
- Müller, J. (2013). *100 clásicos del cine*, vol. 1. Alemania: Taschen.
- Müller, J. (2006). *Cine de los 70*. Alemania: Taschen.
- Ramos, J. y Marimón, J. (2002). *Diccionario del guión audiovisual*. Barcelona: Océano.
- Sadoul, G. (1985). *Historia del cine mundial: desde los orígenes*. México: Siglo XXI.
- Schneider, S. J. (2008). *1001 Movies You Must See Before You Die*. Nueva York: Barron's Educational Series.
- Internet Movie Database. [Página web en línea]. Disponible en http://www.imdb.com.
- Film Affinity. [Página web en línea]. Disponible en http://www.filmaffinity.com.

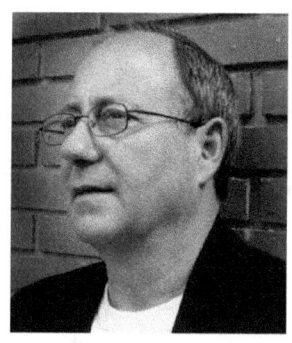

NELSON CORDIDO ROVATI

Nació en Barquisimeto, Venezuela en 1949. Ingeniero electrónico. Comenzó a escribir en el año 2005 al retirarse del ejercicio de su profesión. Es finalista del IV Concurso Nacional de Cuentos Sacven 2007 con el relato *La entrevista de empleo*. Finalista del I Concurso Internacional de Cuento Breve con el relato *El portón negro* (México-2008). Mención publicación en el IV concurso Nacional de Narrativa Salvador Garmendia 2009 con el libro *Claro que me atrevo y otros relatos*. Varios de sus cuentos han sido publicados en la Revista Nacional de Cultura (n.º 335), la *Antología del Trasnocho* (2007), las antologías *La fiesta de la ficción* (2010) y *Nudos y desenlaces* (2013). Autor de los libros: *Cuentos de amor y terror* (2006), *35 minutos* (2012), *35 relatos* (2013), la colección: *Las películas que debe conocer – Tomo I: Los inicios del cine* (2013), *Tomo II: La década de los cincuenta* (2014), *Tomo III: La década de los sesenta* (2015) y *Tomo IV: La década de los setenta* (2016). Autor de los talleres: Los libros que hay que conocer y Las películas que hay que conocer.

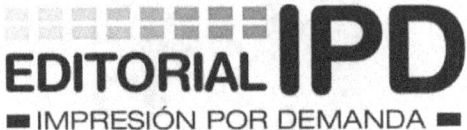

Editorial IPD comenzó a funcionar en 2013, para prestar servicios a los nuevos escritores que necesiten editar sus libros rápidamente, a bajo costo y con un tiraje reducido. Utilizamos el método de **I**mpresión **P**or **D**emanda (IPD), lo que significa que los libros son impresos en el momento a partir de un ejemplar.

Los libros estarán disponibles tanto en papel como en digital (Kindle) en los sitios web de Amazon. También pueden ser impresos de manera tradicional en Caracas y distribuidos en algunas cadenas de librerías en Venezuela.

Las regalías que recibe el autor son más altas que en las editoriales tradicionales y dependen del precio de venta fijado por el mismo autor.

Puede ver más detalles del método de edición en la página web editorial-ipd.webs.com o si lo prefiere, consultando directamente a nelcordido@yahoo.com

NOTAS

ⁱ**Metrocolor** es un sistema de filmación de películas en color que usó la Metro-Goldwyn-Mayer entre los años 1950 y 1980. Sus colores no eran tan brillantes como los del Technicolor. También se usó con el sistema Cinemascope, al igual que en las series de televisión.

ⁱⁱ**Warnercolor** es un sistema de filmación de películas en color utilizado por la Warner Bros. Pictures desde mediados de los años cincuenta del siglo XX. Se originó como alternativa al Technicolor. Sus colores se veían en un ligero tono amarillo.

ⁱⁱⁱ**Technicolor** es un proceso de cine en color inventado en 1916 y después mejorado a lo largo de varias décadas. Se trata del segundo proceso principal de este tipo, tras el británico Kinemacolor y el más utilizado en Hollywood entre 1922 y 1952. Technicolor fue conocido y reconocido por su nivel saturado de color y se usó para filmar musicales como *El mago de Oz* (1939) y *Cantando bajo la lluvia* (1952), películas de época como *The Adventures of Robin Hood* (1938) y *Lo que el viento se llevó* (1939) o de animación como *Blancanieves y los siete enanitos* (1937) o *Fantasía* (1940).

^{iv}**Eastmancolor** es un sistema de filmación de película en color utilizado en los años 1950 y 1960. Era más económico que los otros dos sistemas principales, el Technicolor y el Metrocolor. Tenía el inconveniente de que con el paso de los años los colores se desteñían por una inestabilidad química de la película.

www.ingramcontent.com/pod-product-compliance
Lightning Source LLC
Chambersburg PA
CBHW051915170526
45168CB00001B/400